UNIVERSITÉ DE PARIS. — FACULTÉ DE DROIT

# DE LA PROTECTION LÉGALE

DES

# MINEURS ÉMANCIPÉS

(SPÉCIALEMENT DEPUIS LA LOI DU 27 FÉVRIER 1880)



## THÈSE POUR LE DOCTORAT

*Présentée et soutenue le jeudi 1er juin 1899, à 8 h. 1/2*

PAR

A.-Louis HUGUET

AVOCAT A LA COUR D'APPEL

PARIS

LIBRAIRIE NOUVELLE DE DROIT ET DE JURISPRUDENCE

ARTHUR ROUSSEAU, ÉDITEUR

14, RUE SOUFFLOT ET RUE TOULLIER, 13

1899

# THÈSE

## POUR LE DOCTORAT

La Faculté n'entend donner aucune approbation ni improbation aux opinions émises dans les thèses ; ces opinions doivent être considérées comme propres à leurs auteurs.

UNIVERSITÉ DE PARIS. — FACULTÉ DE DROIT

# DE LA PROTECTION LÉGALE

DES

# MINEURS ÉMANCIPÉS

(SPÉCIALEMENT DEPUIS LA LOI DU 27 FÉVRIER 1880)

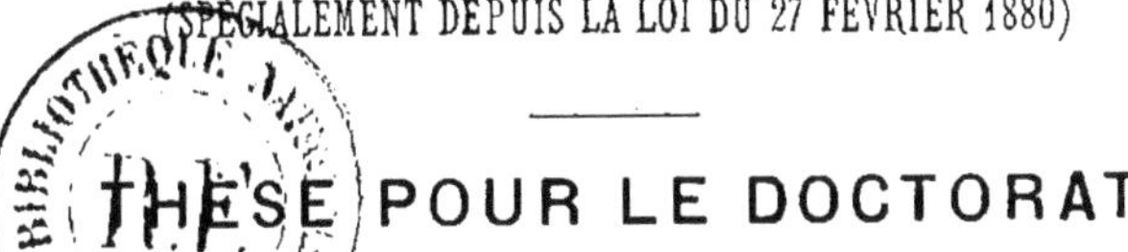

## THÈSE POUR LE DOCTORAT

L'ACTE PUBLIC SUR LES MATIÈRES CI-APRÈS

*Sera soutenu le jeudi 1er juin 1899, à 8 heures 1/2*

PAR

A.-Louis HUGUET

AVOCAT A LA COUR D'APPEL

*Président :* M. PLANIOL,

*Suffragants :* MM. BOISTEL, Léon MICHEL, *professeurs.*

PARIS

LIBRAIRIE NOUVELLE DE DROIT ET DE JURISPRUDENCE

ARTHUR ROUSSEAU, ÉDITEUR

14, RUE SOUFFLOT ET RUE TOULLIER, 13

1899

*A LA MÉMOIRE DE MON ONCLE HUGUES MICHEL*

JUGE HONORAIRE AU TRIBUNAL CIVIL DE CLERMONT-FERRAND
AVOCAT. — BATONNIER DE L'ORDRE

*A MES PARENTS*

*A MES FRÈRES*

# INDEX BIBLIOGRAPHIQUE

**Aubry et Rau.** — Cours de droit civil français (5e édit. revue par Rau et Falcimaigne).
**Baudry-Lacantinerie.** — Précis de droit civil.
**Beudant.** — Cours de droit civil français.
**Boistel.** — Précis de droit commercial.
**Bressolles.** — Explication de la loi des 27-28 février 1880 relative à l'aliénation des valeurs appartenant à des mineurs.
**Buchère.** — Commentaire de la loi du 27 février 1880 sur l'aliénation des valeurs mobilières appartenant aux mineurs.
**Caurroy** (du), **Bonnier et Roustain.** — Commentaire théorique et pratique du Code civil.
**Chardon.** — Traité des trois puissances.
**Colmet de Santerre.** — Manuel élémentaire de droit civil.
**Croos** (de). — Code des tutelles.
**Demante et Colmet de Santerre.** — Cours analytique de Code civil.
**Demolombe.** — Cours de Code Napoléon.
**Glasson.** — Eléments du droit français dans ses rapports avec le droit naturel et l'Economie politique.
**R. de la Grasserie.** — Les Codes étrangers.
**Huc (Th.).** — Commentaire théorique et pratique du Code civil.
**Jay (J. L.).** — Traité des conseils de famille, des tuteurs, subrogés-tuteurs et curateurs.
**Larombière.** — Des obligations.
**Laurent.** — Principes de droit civil français.
**Lyon-Caen et Renault.** — Précis de droit commercial.
**Lehr.** — Eléments de droit civil russe. — Traité élémentaire de droit civil germanique.
**Leroux de Bretagne.** — Nouveau traité de la prescription en matière civile.
**Le Senne.** — Conseils de famille.
**Magnin.** — Traité des minorités, tutelles et curatelles.
**Marcadé et Pont.** — Explication théorique et pratique du Code Napoléon.
**Mourlon.** — Répétitions écrites sur le Code Napoléon.
**Proudhon.** — De l'usufruit.
**Taulier.** — Théorie raisonnée du Code civil.
**Thaller.** — Traité élémentaire de droit commercial.
**Toullier.** — Droit civil français suivant l'ordre du Code.
**Troplong.** — Le droit civil expliqué. — De la prescription.
**Valette.** — Livre premier du Code Napoléon.
**Valette sur Proudhon.** — Etat des personnes.
**Vigié.** — Cours élémentaire de droit civil français.

DE LA

# PROTECTION LÉGALE DES MINEURS ÉMANCIPÉS

(SPÉCIALEMENT DEPUIS LA LOI DU 27 FÉVRIER 1880)

---

## INTRODUCTION

Sous le régime du Code civil, l'émancipation constitue, selon le mot de Berlier au Corps législatif, « une sorte de stage pour arriver à la capacité complète ». Elle affranchit le mineur de la puissance paternelle ou de l'autorité tutélaire et lui confère une capacité nouvelle restreinte dans de justes limites. Historiquement, notre émancipation moderne ne procède guère d'aucune autre; on en rechercherait vainement le type exact soit à Rome, soit dans notre ancien droit français. C'est, à vrai dire, une institution nouvelle. De l'émancipation romaine elle ne possède à peu près que le nom : il y a bien quelque analogie entre nos mineurs émancipés, et les pubères mineurs de vingt-cinq ans qui avaient obtenu la *venia ætatis* en vertu d'un rescrit de l'Empereur, mais il y a encore plus de différences. Notre ancienne législation comprenait, sous le nom d'émancipation, deux institutions tout à fait distinctes dans leur origine et dans leur but, quoique empruntées toutes deux au droit romain. L'une, usitée surtout dans les pays de droit écrit, avait pour résultat de faire cesser la puissance paternelle et de placer l'enfant en tutelle, s'il était mineur ; elle dérivait de l'émancipation romaine. L'autre, en usage dans toute la France, avait sa source dans la *venia ætatis* ; elle mettait fin à la tutelle. Le législateur de 1804 a aboli cette distinction et a fondu les deux émancipations en une seule. Il a laissé de côté presque complètement les règles de la première, s'est inspiré dans une assez large mesure de la seconde, mais il a surtout innové.

Du fait de l'émancipation actuelle, le mineur acquiert une liberté relative pour gouverner sa personne et administrer ses biens. Mais l'émancipé n'est pas investi de tous les droits du majeur : sa situation tient le milieu entre la capacité complète de ce dernier et l'état d'incapacité absolue du mineur ordinaire.

Une fois entré en possession de ses biens, il peut en prendre l'administration, mais la loi ne lui en laisse pas la libre disposition.

S'il est utile en effet, comme le disait dans son rapport le tribun Huguet, et parfois opportun en certaines circonstances d'accorder au mineur « la faculté de recevoir ses revenus, de régir et d'administrer ses biens, quand sa conduite et la maturité de sa raison le permettent ainsi », il est non moins indispensable de continuer à le protéger jusqu'à sa majorité. Sans doute, on a reconnu à l'émancipé, une expérience et une raison précoces, mais il est toujours un mineur. Il manque donc de l'expérience de la vie, ce don de l'âge, et risque de compromettre gravement ses intérêts. Le législateur a prévu ce danger et il a cherché à le parer : le Code civil organise un système assez complexe de protection légale en faveur des émancipés ; les précautions sont graduées suivant l'importance des divers actes de la vie civile. Une loi récente du 27 février 1880 est venue combler certaines lacunes de l'œuvre primitive.

Il faut, sous le rapport de la protection légale, envisager sous un double aspect la situation de l'émancipé, suivant le genre de protection que la loi lui applique. Il y a lieu de distinguer les cas où il agit comme émancipé en vertu de sa qualité nouvelle, et ceux où il reste un mineur ordinaire.

L'émancipation ne le rend, en effet, capable que relativement à un certain nombre d'actes interdits à ce dernier : en un mot, il devient majeur, quant à sa personne et quant à l'administration de ses biens. Telle est la limite du pouvoir que la loi a jugé opportun de lui concéder. C'est seulement dans cette sphère limitée que l'émancipation présente un intérêt sérieux ; l'émancipé y jouit véritablement d'une capacité nouvelle. Pour les autres actes, il reste incapable. Sa qualité d'émancipé s'efface presque complètement ; celle de mineur reparaît et domine. Cela ressort d'une part de la généralité des termes de l'article 484 du Code civil, qui lui enjoint formellement pour tous les actes non prévus « d'observer les formes prescrites au mineur non émancipé ».

Ces formes consistent, comme on le sait, dans l'autorisation du conseil de famille et, en certains cas, l'homologation du tribunal. Il est donc assujetti sous ce rapport à la même surveillance étroite que le mineur ordinaire.

L'émancipé peut d'ailleurs se prévaloir d'un grand nombre de privilèges attachés à l'état de mineur. La loi ne fait aucune distinction entre les deux états dans une série de textes où elle réglemente ces privilèges : c'est ainsi qu'elle leur accorde conjointement une action en nullité ou en rescision contre les conventions qu'ils auraient conclues sans observer certaines formalités protectrices ou qui leur causeraient une lésion (arg. art. 1125, 1304, 1311 et 1314, C. civ.). Elle prescrit autre part (art. 83-6°, C. proc. civ.), sans aucune restriction, la communication au ministère public des causes intéressant les mineurs. Nous voyons encore la voie de la requête civile ouverte exceptionnellement à tout mineur qui n'a pas été défendu dans une instance ou ne l'a pas été valablement (art. 481, C. proc. civ.). On reconnaît généralement que cet article est applicable à l'émancipé. La loi traite donc en tout cela l'émancipé comme un simple mineur, sans toutefois l'y assimiler complètement, comme l'ont dit certains auteurs. Une notable différence subsiste toujours entre les deux conditions : l'émancipé, et c'est le seul effet qui persiste ici de sa capacité nouvelle, continue d'agir par lui-même et de traiter directement avec les tiers ; sa personnalité juridique n'a pas cessé d'exister et ne disparaît pas, comme il arrive pour le pupille, derrière celle d'un mandataire légal. Il n'est en quelque sorte qu'un administrateur de sa propre fortune à pouvoirs très restreints, mais cela suffit à lui assurer une personnalité spéciale, alors que le pupille en est tout à fait dépourvu. Cette remarque étant faite, nous pouvons néanmoins, dans tous les cas où la protection légale est la même, confondre les deux situations en une seule. Sous le rapport de la protection il n'y a pour tous ces cas aucun intérêt à différencier l'émancipé du pupille. Les garanties dont il est alors entouré n'ont rien de spécial à notre matière et ne doivent pas rentrer dans notre sujet.

Nous ne nous occuperons donc pas du rôle du conseil de famille, ni de la mission confiée aux tribunaux dans l'homologation, en ce qui concerne la protection des émancipés, non plus que des privilèges généraux appartenant à la minorité. Notre étude se réfère uniquement au système de protection organisé par le Code civil, et par la loi du 27 février 1880, en faveur du mineur émancipé agissant comme tel. Nous nous proposons de passer en revue les différentes mesures destinées, dans l'esprit du législateur, à mettre l'émancipé à l'abri de l'inexpérience. Nous tâcherons de déterminer dans un examen critique la valeur intrinsèque et l'efficacité de chacune d'elles.

Le système de protection légale actuel spécial à l'émancipé peut se ramener à trois dispositions :

Avant tout, le législateur n'a pas voulu le laisser absolument livré à lui-même dans la direction de sa vie : il lui a donné l'appui d'un curateur qui lui prêtera constamment le secours de son expérience et de ses conseils, et qui doit intervenir nécessairement dans les actes les plus graves : « Quelque heureuse que soit notre organisation, quelques moyens nouveaux qu'ajoute l'éducation, disait en effet Leroy au Corps Législatif, cet âge manquera toujours de cette connaissance des hommes et des choses, de l'expérience, ce don du temps. La loi devait donc au mineur émancipé un dernier appui dans les moments difficiles de son administration. Dans ce cas aussi, *elle lui donne un curateur*, *mais ce n'est plus un maître*, *c'est un conseil, c'est un ami*. Les articles 481, 482, 483 et 484 du projet de loi réalisent cette *idée tutélaire qui nous montre le mineur laissé libre dans l'administration de ses biens et mis pourtant à l'abri de l'inexpérience.* »

Telle est la première limitation apportée par la loi à la liberté du mineur émancipé : la curatelle. Cette institution nous apparaît comme la suite et le complément nécessaire de l'émancipation. Le curateur est indispensable pour compléter la capacité juridique spéciale de l'émancipé. Les plus importants des actes devenus licites en vertu de l'émancipation devront être faits avec son assistance. Cette assistance est d'ailleurs restreinte à une certaine catégorie d'actes dépassant la pure administration. Elle est, comme nous le verrons, loin d'être générale.

La loi du 27 février 1880, relative à l'aliénation des valeurs mobilières appartenant aux mineurs, a profondément modifié, en matière de protection, l'économie du Code civil. Les opérations concernant les valeurs mobilières appartenant aux mineurs émancipés, pouvaient, avant cette époque, s'accomplir valablement sous la seule assistance du curateur. Depuis lors, la sécurité de ces valeurs est assurée en principe par des formalités compliquées. Mais il a été créé des distinctions entre les mineurs émancipés ; les dispositions nouvelles ne s'appliquent qu'à l'une de ses catégories ; pour les autres, la loi aboutit au contraire à supprimer toute garantie, même l'assistance du curateur. Notre étude de la protection légale des mineurs émancipés ne serait pas complète sans un examen critique de cette loi. Nous nous proposons de le faire, après avoir déterminé les divers cas d'assistance du curateur, et à cette occasion.

Le Code civil édicte ensuite dans l'article 484 alinéa 2 un privilège spécial au mineur émancipé sous la forme d'une action en réduction « à l'égard des obligations qu'il aurait contractées par voie d'achats ou autrement ». Cette action en réduction tient lieu de l'action en rescision accordée au mineur. Elle est moins énergique, mais elle produit des effets analogues.

La loi n'a pas voulu finalement laisser à un mineur

qui n'en était pas digne, la liberté acquise par l'émancipation ; c'est un instrument dangereux entre ses mains quand il en abuse. Aussi les articles 485 et 486 du Code civil autorisent-ils le retrait de l'émancipation qui replace, jusqu'à sa majorité, le mineur dans la situation d'incapacité où il se trouvait antérieurement. C'est une mesure extrême et énergique destinée à le protéger contre lui-même.

En s'inspirant de cette considération que l'émancipation peut être quelquefois un mal à l'égard de certains mineurs, les tribunaux ont souvent prononcé l'annulation de certaines émancipations contraires à l'intérêt des mineurs. Des émancipations sont parfois provoquées par des considérations étrangères à cet intérêt, soit que les intérêts de l'enfant constituent une charge ennuyeuse aux personnes chargées de le protéger, soit que l'émancipant poursuive un but frauduleux dans son propre intérêt. Nous joindrons une étude sur la faculté d'annulation qui appartient aux tribunaux, à l'étude du retrait.

L'appui d'un curateur, l'action en réduction, le retrait et l'annulation de l'émancipation, telles sont les trois mesures légales protectrices des mineurs émancipés.

Chacune d'elles fera l'objet de développements successifs. Notre travail se trouve ainsi naturellement divisé en trois parties. A la première, qui sera de beaucoup la plus importante, nous rattacherons dans un chapitre spécial l'étude des innovations apportées au système du Code civil par la loi de 1880. Enfin, à la suite de la 3e partie, nous consacrerons deux appendices, l'un aux mineurs émancipés commerçants, l'autre aux enfants naturels.

# PREMIÈRE PARTIE

## APPUI D'UN CURATEUR. — INNOVATION LÉGISLATIVE DU 27 FÉVRIER 1880.

Du jour de l'émancipation, le mineur est soumis à la curatelle. Un curateur doit lui être donné. La loi ne parle de la nomination du curateur qu'une seule fois et encore incidemment à propos de la reddition du compte de tutelle (art. 480, C. civ.). Ce laconisme regrettable a donné lieu à de vives controverses. On est généralement d'accord aujourd'hui pour reconnaître que cet article règle une fois pour toutes l'établissement de la curatelle. La curatelle est donc toujours dative, jamais légale ou testamentaire comme la tutelle, sauf deux exceptions. Cette charge est déférée par le conseil de famille constitué dans les formes et conditions ordinaires. C'est l'opinion qui prévaut en doctrine et qu'enseignent les meilleurs auteurs, notamment Demolombe, Laurent, Demante et Colmet de Santerre.

On considère d'autre part la curatelle comme « une suite et un diminutif de la tutelle », et on lui reconnaît les mêmes caractères essentiels : c'est une charge obligatoire, générale et permanente. Le curateur n'est pas seulement donné à l'enfant pour l'assister dans telle ou telle affaire déterminée — un examen superficiel des textes pourrait porter à le croire, mais nous verrons qu'il y a là une erreur — mais bien pour compléter la capacité juridique du mineur émancipé dans une série d'actes importants, comme nous l'avons déjà signalé dans notre introduction. C'est ce qu'on peut induire des expressions employées par le Code civil, qui, après avoir parlé une première fois de l'assistance d'un curateur (art. 480), soumet dans différents cas « l'émancipé » ou « les émancipés » à l'assistance de « son curateur » ou de « leurs curateurs ». (art. 482, 840, 935).

Nous examinerons dans trois chapitres quel est le mode d'assistance du curateur — quels en sont les cas — quel régime la loi du 27 février 1880 a fait succéder au régime du Code civil, en ce qui concerne les valeurs mobilières appartenant aux émancipés.

## CHAPITRE PREMIER

### DU MODE D'ASSISTANCE DU CURATEUR.

Le curateur est investi d'une mission générale de surveillance à l'égard des affaires du mineur. Quant à la personne de l'émancipé, son pouvoir est à peu près nul. La maxime romaine : « *Tutor personæ datur, curator rei* » est encore exacte aujourd'hui. Nous ne trouvons au Code civil qu'un seul texte relatif à ce genre de pouvoir, l'article 175, qui lui permet de faire opposition au mariage du mineur émancipé. Encore le curateur doit-il préalablement obtenir l'autorisation du conseil de famille. Cette disposition est destinée à protéger le mineur contre les suites d'un entraînement irréfléchi ; elle s'appliquera principalement quand l'émancipé est resté sans parents, ou lorsqu'il se trouve en présence d'une mère ou d'aïeuls faibles et trop enclins à s'incliner devant ses désirs. C'est une mesure très utile, mais on ne saurait l'étendre à d'autres cas tels que l'engagement militaire ou dans les ordres sacrés.

Un point caractérise essentiellement les fonctions du curateur par rapport aux biens de l'émancipé : c'est qu'*il n'administre pas*. Il y a, à ce point de vue, une différence essentielle entre son autorité et celle du père ou du tuteur.

Le mineur en tutelle est complètement privé de l'exercice de ses droits civils. Son père ou son tuteur le représente et agit à sa place. Le mineur émancipé au contraire, agit en personne dans tous les actes de la vie civile, il n'a plus besoin d'un représentant. Le curateur n'a aucune initiative à prendre en ce qui concerne les intérêts du mineur et la gestion de ses biens. Il n'a aucun maniement de deniers. Il doit simplement assister le mineur émancipé. Il complète ainsi la capacité du mineur pour une série d'actes et de contestations dans lesquels ce dernier ne peut figurer seul. On peut dire du curateur français ce qu'on disait du tuteur romain : *auctoritatem præstat*. A plus forte raison, le curateur ne saurait agir lui-même à la place de l'émancipé. Il peut se contenter à la rigueur d'accorder son assistance à l'émancipé quand celui-ci la lui réclame.

Cette assistance du curateur vis-à-vis du mineur émancipé a été comparée par certains auteurs (1) à celle du conseil de tutelle donné à la mère tutrice,et, relativement aux instances où elle doit protéger l'émancipé, à celle du conseil judiciaire (2). Le mot « assistance » employé par les articles 480, 482, 840 et 935 n'est pas équivoque. Il éveille l'idée d'un appui, d'une adhésion. Il indique clairement que dans le vœu de la loi, le curateur doit concourir par son consentement à l'acte que se propose de faire l'émancipé. Ce consentement

(1) Aubry et Rau, t. 1, 5e édit., § 132, texte n. 2 et note 8.

(2) Colmet de Santerre, t. 2, n° 252 *bis*, note 1, et 285 *bis*, VII.

n'exige pas une participation effective pour les actes extrajudiciaires ; la procuration du curateur pourra suffire à cet égard. Il en est autrement de l'assistance en justice. Elle consiste certainement dans la présence du curateur à la cause avec l'émancipé. Nous verrons plus loin les conséquences qui résultent de ce devoir du curateur. En un cas pourtant, mais c'est l'unique, la loi a imposé au curateur un rôle moins effacé : c'est lorsqu'il s'agit de la réception par le mineur émancipé d'un capital mobilier. L'article 482 nous dit en effet qu'« il ne pourra... même recevoir et donner décharge d'un capital mobilier, sans l'assistance du curateur, qui, au dernier cas, surveillera l'emploi du capital reçu ». Il y a donc ici une obligation impérieuse pour le curateur d'assister à la remise du capital et d'exiger de l'émancipé qu'il en fasse un sérieux emploi.

La mission du curateur étant ainsi déterminée, nous allons rechercher quelle sanction la loi attache à son pouvoir, et quelle responsabilité lui incombe en faveur de l'émancipé.

Le curateur, avons-nous dit, ne représentant pas l'émancipé, ne peut pas agir à la place de ce dernier, mais a-t-il sur lui un pouvoir coercitif suffisant ? Deux hypothèses inverses peuvent se présenter : ou, le mineur voulant agir, le curateur juge l'acte préjudiciable à ses intérêts ; ou le mineur se refuse à accomplir un acte que le curateur considère comme nécessaire. Ce sont les seuls conflits possibles entre eux. Que doit-on décider ? Le curateur peut-il, d'une part, refuser son assentiment? Peut-il, au second cas, forcer le mineur à l'action?

Pour la première hypothèse, la solution n'est pas douteuse : le curateur a certainement le droit de refuser son assistance au mineur émancipé. Ce sera parfois son devoir tout indiqué, quand l'acte pour lequel le mineur sollicite son assistance est évidemment inopportun. Mais il faut aller plus loin, et décider que le curateur a le droit d'opposer un refus sans s'exposer au reproche, si l'acte étant en soi raisonnable, est un acte grave. On ne saurait blâmer le curateur de son opposition, s'il a craint d'engager sa responsabilité. Et même s'il refusait son assistance pour une raison d'intérêt personnel ou par simple caprice — ce qui constituerait de sa part une faute — il est bien certain que, de toute façon, l'émancipé ne pourrait agir seul valablement.

En tout cas, mais principalement pour ce dernier, l'intérêt du mineur exige qu'il ait un recours contre ce refus d'assistance.

On ne conçoit pas que le curateur puisse absolument paralyser chez l'émancipé l'exercice personnel de droits importants. Le Code civil n'a malheureusement pas prévu l'éventualité de ce recours, et on en est réduit à raisonner par analogie : on pourrait tirer un argument de l'article 218 du Code civil, qui permet à la femme mariée d'avoir recours à la justice et de solliciter l'autorisation du président du tribunal, pour ester en jugement, lorsque son mari refuse de l'autoriser. On s'est appuyé plusieurs fois sur cette disposition, pour admettre la possibilité de recours analogues : c'est ainsi que les auteurs reconnaissent en général à la mère tutrice un recours devant le conseil de famille contre le refus d'assistance du conseil de tutelle. La jurisprudence admet pareil pourvoi en faveur de l'individu soumis à un conseil judiciaire (v. notam. Orléans, 15 mai 1847, D. 1847.2.138).

On a également admis, en ce qui nous occupe, que le mineur émancipé avait un recours contre le refus d'assistance de son curateur, mais on ne s'accorde plus sur la nature de ce recours.

La plupart des auteurs décident que le mineur émancipé doit s'adresser au conseil de famille et subsidiairement au tribunal, si le conseil rejette à son tour la demande. Quelques-uns sont d'avis que le recours devra être porté directement devant les tribunaux. Il est certain que les tribunaux pourront toujours trancher un conflit de ce genre, car ils ont une compétence générale pour décider sur toute espèce de contestation. Ils ont de plus, dans l'esprit de la loi, un pouvoir discrétionnaire pour la protection des mineurs. Il semble également assez rationnel d'attribuer au conseil de famille le pouvoir de mettre un terme au conflit précédent. Quoi qu'en dise M. Laurent qui ne leur attribue qu'une compétence exceptionnelle, les conseils de famille constituent en effet une sorte de tribunal privé (arg. art. 405, 446, 480, 483 et 507, C. civ.). Institués pour surveiller et autoriser les tuteurs et les mineurs émancipés dans leur gestion, ils ont le droit de seconder l'administration. Ils accomplissent à cet effet deux sortes d'actes, confondus sous la dénomination d'Avis de parents au Code de procédure civile (Titre X du liv. I, 2e partie) : ils prennent des délibérations, et ils émettent des avis. Le conseil émet un avis, quand il se borne à exprimer son opinion sur une question qui lui est soumise. Mais il fonctionne aussi comme tribunal. Le mineur émancipé pourra donc lui demander de trancher le conflit. Le curateur pourra, de son côté, provoquer à ce sujet une délibération, si son refus d'assistance est motivé sur une raison valable.

Quoi qu'il en soit, il n'appartient ni au conseil de famille, ni au tribunal, de forcer le curateur à prêter son assistance à un acte qu'il juge fâcheux. Aucun texte n'autorise cette solution. Une pareille injonction serait d'ailleurs dépourvue de toute sanction effective. Tout ce que peut faire le conseil de famille, c'est de nommer au mineur émancipé un curateur *ad hoc*, ou de remplacer complètement le curateur ordinaire.

Pratiquement, le curateur évitera tout conflit en provoquant une délibération du conseil de famille dans les cas douteux, mais il y a évidemment une fâcheuse lacune dans la loi, sous ce rapport.

Nous avons supposé en second lieu, que le mineur émancipé se refusait à accomplir certains actes qui lui sont utiles, malgré les sollicitations pressantes de son curateur : c'est une réparation utile à un immeuble ou tout autre acte d'administration ; c'est une interruption d'instance ou un acte conservatoire. Le curateur est-il en mesure de contraindre l'émancipé à l'action ? Peut-il le protéger contre son entêtement ? L'état actuel des textes ne permet pas de le décider. La capacité conférée au mineur par l'émancipation exige qu'il agisse lui-même. Le curateur doit se renfermer dans son rôle passif d'assistance ; tout rôle actif lui est interdit. Le législateur a encore ici manqué de prévoyance et a commis un regrettable oubli. On a observé que cette omission ne présentait pas pratiquement de grands dangers à cause des autres mesures prises par la loi, La prescription, a-t-on dit, n'est-elle pas suspendue en faveur des mineurs en général (art. 2252, C. civ.), et l'article 482 ne défend-il pas aux mineurs émancipés de recevoir un capital mobilier sans l'assistance de leur curateur ? il leur interdit également de plaider seuls en matière immobilière ou relativement à leurs capitaux. Nous répondrons que c'est encore trop d'avoir laissé le mineur libre de compromettre son patrimoine dans quelques cas. Cette absence de moyens coercitifs chez le curateur nuit d'ailleurs à son prestige vis-à-vis de l'émancipé. La fonction actuelle du curateur est donc assez ingrate. Préposé à la surveillance d'un jeune homme qui vient d'être mis tout à coup en possession de sa fortune, le curateur ne dispose que de pouvoirs très limités. Son influence risque de devenir minime, et le système de protection légale est incomplet sous ce rapport. Nous souhaiterions, pour notre part, de voir le curateur investi d'une autorité plus grande et d'un pouvoir coercitif plus ferme. La protection des mineurs émancipés gagnerait à ce que, dans certains cas, sa mission de purement passive devînt active. Ce serait notamment une mesure fort utile dans le dernier cas que nous avons examiné : quand l'émancipé refuse d'agir. On pourrait tout au moins attribuer au curateur, comme sanction de ses conseils, la faculté d'introduire devant le conseil de famille une demande en retrait d'émancipation contre le mineur émancipé qui s'entêterait dans sa négligence. Ce dernier pouvoir ne saurait, sans aucun doute, appartenir au curateur d'après les termes de l'article 458.

Au Vénézuéla, les capitaux du mineur émancipé sont reçus et employés par le curateur lui-même, ce qui lui donne déjà une grande autorité, mais l'émancipation peut être retirée par le juge, sur la demande du curateur, quand le mineur fait preuve d'incapacité. A l'inverse, l'article 320 du Code italien permet au mineur de déférer au conseil de famille le refus de consentement du curateur.

A chaque fonction légale correspond une responsabilité plus ou moins étroite. Dans quelle mesure le curateur est-il responsable et de quoi peut-il l'être ? c'est ce que nous avons à déterminer maintenant.

Les différents protecteurs, chargés par la loi de veiller aux intérêts des incapables, sont assujettis à un contrôle sérieux : une surveillance plus ou moins étroite est exercée à leur encontre ; ils doivent rendre compte de leur mission, et ils sont exposés à divers recours de la part des incapables. La fidélité et l'activité du tuteur sont ainsi assurées par la présence d'un subrogé tuteur (art. 420 et suiv., C.civ.), par les fréquentes réunions du conseil de famille, l'obligation de rendre compte de sa gestion (art. 469 et 470, C. civ.), enfin par l'action accordée au mineur contre lui, relativement aux faits de tutelle (art. 472, C. civ.). L'article 907 prohibe, d'autre part, les donations que pourrait lui faire son pupille avant l'apurement du compte de tutelle. Enfin, ses biens sont grevés d'une hypothèque légale en faveur de ce dernier. Que subsiste-t-il de toutes ces garanties en matière de curatelle ? Bien peu de chose comme nous allons voir.

Nous ne trouvons d'abord pas d'institution analogue à celle du subrogé tuteur ; d'autre part, le curateur n'est assujetti en principe à aucune reddition de compte. C'est assez naturel, car, on se le rappelle, le curateur n'administre pas et il n'a le maniement d'aucun denier. Le mineur émancipé administre sa propre fortune un peu comme le faisait avant lui son tuteur. Le curateur tient en quelque sorte vis-à-vis de lui la place que remplissait le subrogé tuteur vis-à-vis du tuteur. Il n'y a donc pas lieu de la faire surveiller à son tour par un subrogé curateur. La surveillance exercée par le conseil de famille suffit à sauvegarder de ce chef l'intérêt des mineurs émancipés.

Remarquons bien d'ailleurs que le curateur devrait rendre des comptes, s'il s'était immiscé dans l'administration des biens de l'émancipé. Il serait responsable des actes de gestion qu'il aurait accomplis. Ce point ne souffre pas de difficulté. Si le fait est établi, le mineur émancipé pourra faire condamner le curateur à lui rendre compte, même en qualité de curateur. C'est en ce sens que s'est prononcée la Cour de cassation dans un arrêt du 6 février 1843 (D. P. 1843.1.225, S. 1843.1.500). Un individu avait géré les affaires d'un mineur émancipé, dont il était devenu le curateur, pendant la durée de l'émancipation d'abord ; et, pendant quelques années après la majorité de ce mineur, il avait continué cette gestion comme mandataire. Il fut condamné à rendre compte à ce double titre, bien qu'il n'eût aucune gestion à conduire en la première de ces qualités.

Mais doit-on déclarer le curateur responsable dans la limite de ses attributions ? Toullier seul a prétendu que, dans le silence du Code, le curateur était affranchi de toute responsabilité. Tous les auteurs repoussent cette solution qui aboutirait à faire de la curatelle une institution inutile. Or cela ne saurait évidemment rentrer dans l'intention du législateur. Le curateur encourt certainement une responsabilité à raison de ses fautes personnelles. Il s'agit de savoir jusqu'où elle s'étend. Nous trouvons à ce sujet dans la doctrine trois systèmes principaux :

Nous mentionnons simplement pour mémoire la

théorie de ceux qui proposent d'appliquer au curateur la règle ancienne : « Non fraudulenti consilii nulla est obligatio ». Cette règle ne saurait en aucune façon convenir au curateur, car elle suppose un avis purement officieux donné à une personne qui n'avait pas besoin d'y recourir ; or nous savons que la curatelle est, comme la tutelle, une charge obligatoire.

Une première opinion, soutenue notamment par Demolombe et Beudant (1), décide que le curateur est tenu, suivant les règles du droit commun, du dommage causé au mineur dans l'exercice de sa charge, non seulement par dol ou par fraude, mais aussi par ses fautes graves. Ils lui appliquent les articles 1382, 1383 et 1992 du Code civil.

D'autres, avec Demante, Colmet de Santerre et Laurent, soutiennent que le curateur est investi comme le tuteur d'un mandat légal. Ils le traitent comme un mandataire, et règlent sa responsabilité exclusivement d'après l'article 1992 du Code civil. Or cet article impose au mandataire la responsabilité générale de l'article 1137 c'est-à-dire celle de la faute légère, sauf à la modérer eu égard à la gratuité du mandat ; mais, en principe, le curateur pourrait être recherché à raison de son inattention ou de sa simple négligence.

Aucune de ces deux théories n'est de tous points exacte et ne nous satisfait complètement.

(1) Demolombe, t. VIII, n° 258 ; Beudant, t. 3, n° 210.

On a observé avec raison, dans un troisième système, qu'il fallait distinguer entre les cas où le curateur doit simplement assister le mineur émancipé, ce qui est la règle générale, et ceux où la loi lui impose l'obligation de prendre par lui-même une mesure quelconque dans l'intérêt de ce dernier. Ainsi l'article 482 prescrit au curateur de surveiller l'emploi du capital mobilier versé entre les mains de l'émancipé. La responsabilité du curateur n'est pas la même dans les deux hypothèses. Dans la première, où le rôle du curateur se réduit en somme à ratifier ou à désapprouver les actes que veut faire l'émancipé, la responsabilité de l'article 1992 nous paraît devoir être écartée. L'assimilation du curateur au mandataire n'est pas exacte, puisqu'il n'agit pas au nom et pour le compte du mineur. Le fait, pris en lui-même, d'avoir prêté ou refusé son assistance dans tel ou tel cas, ne peut donc pas entraîner de responsabilité à la charge du curateur ; sa bonne foi doit être présumée. Un recours n'est possible contre lui que dans les termes du droit commun. En un mot, il encourt simplement la responsabilité délictuelle des articles 1382 et 1383 du Code civil. C'est dire qu'à ce premier point de vue seulement, nous nous rallions au système présenté par Demolombe et Beudant. L'émancipé devra établir que son curateur s'est rendu coupable envers lui d'un dol, d'une fraude ou d'une faute grave. La responsabilité de la curatelle ne va pas au delà. Cette faute pourrait d'ailleurs résulter d'une négligence extrême dans l'accomplissement de la mission légale, mais non d'une négligence légère ou d'une simple inattention, comme le prétendent les partisans du premier système. Il y a là évidemment une question de fait à régler par les juges. Ils doivent, à notre avis, apprécier les faits largement.

Dans la seconde hypothèse au contraire, le curateur est investi d'un mandat légal analogue à celui du tuteur. Il y a pour lui un devoir impérieux à ne pas se dérober à l'injonction de la loi. La sanction doit être plus rigoureuse : une simple négligence rendra le curateur passible de dommages-intérêts. Dans le cas particulier de l'article 482, nous déciderons qu'il faut appliquer les règles de la tutelle. Faute d'une surveillance active, le curateur pourra encourir une condamnation à des dommages-intérêts vis-à-vis de l'émancipé. Il doit être garant de l'emploi des capitaux touchés par ce dernier. Nous verrons dans la suite qu'il ne jouit pas de moyens d'action bien directs pour assurer cet emploi. La responsabilité qui lui incombe de ce fait est par suite assez lourde, et il y a dans la loi une disproportion frappante entre une obligation mal définie et la sanction qui s'y attache. Au point de vue de l'intérêt des incapables, on ne peut pas regretter une pareille sévérité, mais une telle rigueur constitue dans la loi un défaut de logique.

La responsabilité du curateur ainsi graduée s'applique assez exactement à la matière de l'émancipation. Elle est, sauf sur le dernier point dont nous parlions (cas de l'art. 482), assez bien proportionnée aux devoirs de la curatelle. On ne pourrait l'étendre ou la limiter sans se mettre en contradiction avec les principes généraux du droit. Nous croyons qu'elle ne sera pas toujours suffisante. En bien des cas, les intérêts de l'émancipé auront pu souffrir, sans qu'il y ait une faute sérieuse imputable au curateur, soit qu'il n'ait pas eu à intervenir nécessairement, soit qu'il n'ait pas été en mesure de le faire utilement, faute de moyens efficaces. Or on ne peut pas accroître la responsabilité du curateur tant qu'il aura aussi peu de pouvoirs, et cependant la protection des émancipés gagnerait à ce que cette responsabilité fût aggravée. Cette aggravation découlera naturellement d'un accroissement des pouvoirs du curateur. C'est par là que devrait opérer une amélioration législative qu'il serait désirable de voir entreprendre.

Les incapacités édictées contre le tuteur par le Code dans les articles 472 et 907 ne frappent pas le curateur, de l'avis général. En l'absence d'une reddition de compte, le curateur peut donc traiter sans aucune condition avec le mineur devenu majeur. Il pourra aussi recevoir de lui par testament, être institué donataire ou légataire. Cette tolérance peut avoir ses dangers et quelques auteurs ont cherché à faire des restrictions. Magnin enseigne que le curateur ne peut pas se rendre adjudicataire des biens de l'émancipé. Ce serait assurément une prudente mesure, mais il est arbitraire d'établir des distinctions dans le silence de la loi.

Enfin, il n'y a pas d'hypothèque légale en faveur du

mineur émancipé sur les biens de son curateur. L'émancipé n'a pas ordinairement besoin de cette puissante mesure protectrice, puisque son curateur n'est pas un comptable vis-à-vis de lui. Rarement le curateur deviendra son débiteur. L'utilité pourrait néanmoins se présenter d'une hypothèque légale, si le curateur s'était immiscé dans l'administration ou s'il avait touché des sommes pour le compte de l'émancipé, mais ce sera l'exception. On ne peut équitablement formuler de ce chef une critique, car l'hypothèque légale est une mesure grave et cause au crédit de celui qu'elle atteint un grand préjudice. Le législateur ne pouvait donc pas songer à l'établir ici.

Quant à la destitution et au remplacement du curateur, les causes en sont les mêmes qu'en matière de tutelle (arg. art. 34 et 42, C. pén.), et on y procédera de la même façon : le conseil de famille est le seul juge de ces mesures. Elles pourront être provoquées pareillement soit d'office par le juge de paix, soit par les parents ou alliés du mineur émancipé et par ses créanciers ou autres parties intéressées.

Le mode d'assistance du curateur, la mesure de sa responsabilité nous sont connues. Nous devons étudier maintenant les cas où la loi exige son intervention.

## CHAPITRE II

### DES CAS D'ASSISTANCE DU CURATEUR.

Ce chapitre comprendra deux sections : dans la première nous nous proposons de rechercher si l'on peut poser une règle générale en matière d'assistance.

Dans la seconde, nous examinerons quelle est l'efficacité de cette assistance dans les cas prévus par la loi et dans ceux qu'il faut y assimiler.

### SECTION I. — **Y a-t-il une règle générale en matière d'assistance du curateur ? Peut-on en établir une ?**

Les articles 480 et 482 au titre de l'émancipation et quelques autres, épars dans le Code civil, énumèrent certains actes où l'assistance du curateur doit nécessairement intervenir. Ces actes sont-ils les seuls où cette assistance est prescrite comme suffisante au mineur émancipé ? Faut-il voir dans ces divers textes une énumération limitative des cas où le curateur doit intervenir. Faut-il, dans le silence de la loi, se reporter toujours aux règles de la tutelle, comme l'indique l'article 481 du Code civil. Peut-on au contraire étendre l'assistance à quelques autres actes, suivant une règle générale ? C'est la principale question qu'a soulevée la matière de l'émancipation. La réponse ne va pas sans difficulté, et une grande division règne à cet égard dans la doctrine.

On a reproché, en effet, avec raison au législateur de n'avoir pas déterminé avec assez d'exactitude les cas d'assistance du curateur et l'effet de cette assistance sur la capacité du mineur émancipé. Nous ne trouvons, en dehors des textes précités, aucun principe d'une portée générale ; la rédaction de la loi est incohérente et laisse deviner chez les rédacteurs du Code des hésitations et des doutes.

L'émancipé, on le sait, peut accomplir seul les actes « qui ne sont que de pure administration » (art. 481). Si nous prenons maintenant les termes de l'article 484, nous lisons qu'« il ne pourra... faire aucun autre acte que ceux de pure administration sans observer les formes prescrites au mineur non émancipé ». Ces expressions cadrent bien avec l'article 481, mais elles sont en contradiction manifeste avec celles des articles 480, 482 et de plusieurs autres articles épars dans le Code, dans lesquels la loi ordonne l'assistance du curateur pour des actes qui ne sont pas de pure administration. Tous les actes visés en ces articles sont bien faits néanmoins en dehors des formes prescrites au mineur émancipé. Le langage de la loi (art. 484) est donc défectueux, car il ne fait pas de doute, qu'en présence des termes formels des articles précités, la règle générale qu'elle pose doit recevoir certains tempéraments. La difficulté est précisément de savoir quand cette règle doit fléchir. Tout d'abord les cas expressément prévus par la loi elle-même échappent à la règle générale, c'est un point indiscutable. En dehors de ces cas, si nous nous reportons absolument aux principes régissant la tutelle, l'application stricte de la règle générale à toute une catégorie d'actes semble contraire au but de l'émancipation. Nous voulons parler de tous les actes étrangers à la « pure administration » que le tuteur peut accomplir seul. La majorité des auteurs décide en effet que le tuteur est investi d'une capacité générale d'administrer, sauf exception formelle de la loi. Or les pouvoirs du mineur émancipé étant moins étendus que ceux du tuteur, ce serait aller contre le texte de l'article 484 et contre l'esprit de la loi, que lui accorder la faculté d'accomplir absolument seul les actes dont nous nous occupons. Quelques auteurs, entre autres M. Colmet de Santerre, émettent cependant l'avis que l'émancipé n'a besoin, pour s'y livrer, d'aucun secours. Ils lui donnent simplement à l'encontre de ces actes, l'action en rescision pour cause de lésion de l'article 1305 ; encore faut-il remarquer qu'ils proposent pour un certain nombre d'entre eux l'assistance du curateur en raisonnant par analogie. Il suffit qu'ils trouvent une similitude quelconque, fût-elle minime, entre ces actes et ceux auxquels la loi impose expressément la garantie précédente.

Dans cette série d'actes, l'absence de tout protecteur n'est pas admissible ; elle pourrait d'ailleurs placer le mineur émancipé dans une fâcheuse situation. Il semble, d'autre part, difficile de soumettre ces actes à l'autorisation du conseil de famille, car ce serait traiter l'émancipé moins favorablement que le mineur en tutelle, et l'émancipation aurait encore manqué son but. La doctrine a parfaitement compris l'inconvénient de cette seconde solution ; aussi la majorité des auteurs assimile-t-elle un assez bon nombre d'actes à ceux qu'énumèrent les articles 480 et 482 et demande-t-elle pour leur validité l'assistance du curateur. Toutefois, la plupart des auteurs ne posent pas de principe général en matière d'assistance du curateur. On peut cependant en dégager un ; c'est ce que nous allons tâcher de faire, après quelques-uns d'entre eux.

Plusieurs systèmes ont été proposés pour déterminer d'une façon précise les cas d'assistance du curateur : le premier et le plus ancien a été abandonné depuis longtemps. Il consistait à soutenir que l'assistance du curateur *est nécessaire mais suffit à l'émancipé pour qu'il soit pleinement capable, sauf exception formelle de la loi.* D'après cette prémisse on devrait voir une exception à ce principe dans la faculté d'agir seul que donne à l'émancipé, relativement aux actes de pure administration, l'article 481. Il faudrait également tenir pour exceptionnels des cas où l'émancipé doit être autorisé par son conseil de famille, et parfois par le tribunal. Pour tous les actes non visés spécialement dans un texte, l'assistance du curateur suffirait à habiliter l'émancipé. On s'est appuyé, pour soutenir cette théorie sur les travaux préparatoires du chapitre de l'émancipation. Dans le projet du Code, l'article 484 se composait simplement du paragraphe 2 actuel. Le Tribunat jugea bon de formuler une règle générale. Il demanda l'insertion de l'alinéa premier, pour lequel il avait proposé la rédaction suivante : « Tous autres actes qui ne seront pas de pure administration ne pourront être faits *que sous l'assistance du curateur* et suivant les formes prescrites au mineur non émancipé. » Le Conseil d'État avait adopté cette rédaction qui aurait dû passer dans le Code ; mais, par suite d'un oubli fâcheux, le membre de phrase, parlant de l'assistance du curateur, fut escamoté. L'intention du législateur, dit-on, est restée la même, malgré cet oubli.

Il faut restituer l'article 484 dans son intégrité première pour découvrir cette intention, mais on fait disparaître ainsi toute contradiction dans la loi.

Ce système est assez séduisant et conduit à des résultats très pratiques (1), mais il a été universellement repoussé en doctrine, et nous ne saurions l'admettre pour notre part, car il manque de base juridique. Quand la loi pose un principe en termes généraux et formels, il n'appartient pas à l'interprète d'aller rechercher au delà l'intention du législateur. On ne saurait pas surtout argumenter d'un membre de phrase supprimé, pour

(1) Il a été repris et soutenu avec force par M. J. de Lavalette (thèse de doctorat de 1884 à Aix).

battre en brèche une disposition générale. On pourrait tout au contraire conclure de ce retranchement que l'assistance du curateur est inutile quand interviennent le conseil de famille ou le tribunal, mais il nous paraît impossible de tirer du texte actuel de l'article 484 la solution qu'on nous impose.

L'intention primitive du législateur avait peut-être été telle, soit; nous le concédons volontiers. C'est même probable, car nous n'oublions pas l'étrange contradiction que nous avons relevée plus haut entre l'article 484 et les articles 480 et 482. Un changement d'avis survenu au cours de la discussion entre le vote de ceux-ci et de celui-là, explique mieux que toute autre hypothèse le vice de la rédaction.

Quoi qu'il en soit, et s'il y a eu des tergiversations dans l'esprit du législateur, l'article 484 actuel nous explique formellement sa pensée : Le mineur émancipé reste en principe soumis à l'autorité tutélaire de son conseil de famille et à la surveillance du tribunal, mais dans certains cas exceptionnels il peut agir seul ou avec l'assistance de son curateur. Cette assistance suffit à habiliter l'émancipé pour accomplir certains actes, mais elle ne le rend pas du tout pleinement capable.

Il ressort en effet du rapprochement des articles 450 au titre de la tutelle et 482 à notre titre, que les pouvoirs du mineur émancipé assisté de son curateur sont à peu près les mêmes que ceux du tuteur agissant comme représentant du mineur. Parfois, il est vrai, la loi permet au mineur émancipé de faire seul certains actes rentrant dans les pouvoirs du tuteur : ainsi elle l'habilite à requérir seul l'apposition ou la levée des scellés (art. 451, C. civ., 910 et 929, comb., C. pr. civ.), mais il ne s'agit alors que d'actes conservatoires rentrant dans les limites de la pure administration. Cela ne détruit donc pas la vérité de notre proposition que l'émancipé peut faire avec l'assistance de son curateur à peu près les mêmes actes que le tuteur agissant seul. Les pouvoirs de ce dernier sont, nous l'avons déjà dit, ceux d'une large administration, tempérés par l'obligation de se conduire en bon père de famille et la responsabilité qui résulterait d'une mauvaise gestion. Il y a loin de là à la capacité générale que le premier système attribue au mineur émancipé. L'assistance du curateur n'étend donc pas cette capacité plus que nous l'indiquons. Elle donne au mineur une certaine latitude dans l'administration de ses biens, et le dispense de recourir à des formalités plus compliquées dans tous les cas où le tuteur peut agir seul; mais elle ne l'investit pas d'un pouvoir plus grand. Dès que le tuteur est assujetti à quelque forme, le mineur émancipé doit y être soumis, car on retombe dans l'application de la règle générale posée par l'article 484, et l'assistance de son curateur ne lui suffit plus. Remarquons d'ailleurs qu'en dispensant le mineur émancipé de recourir aux formalités de la tutelle, dans les cas où le tuteur agit seul, nous ne dérogeons en rien aux termes absolus de la loi. Nous prétendons les interpréter au contraire sainement. La doctrine qui exige du mineur émancipé pour ces cas les formalités de la tutelle (intervention du conseil de famille et du tribunal) va par une interprétation trop servile à l'encontre de l'intention du législateur. On reconnaît en effet généralement que l'administration du tuteur n'est pas une des formes de la tutelle, pas plus que ne l'est d'ailleurs pour l'émancipation l'assistance du curateur. Il n'y a pas de formalités à proprement parler, dans tous les cas où le tuteur agit seul. Il est donc parfaitement logique d'en dispenser le mineur émancipé, ce qui, comme nous l'avons déjà dit, répond beaucoup mieux que toute autre solution à l'intention du législateur.

Mais si l'on doit conclure, en se reportant aux règles de la tutelle, comme l'ordonne l'article 484, que ces actes ne sont assujettis à aucune des formalités précédentes, il ne faut pas perdre de vue cet autre principe de la matière : que le mineur émancipé ne peut agir seul en dehors des actes de pure administration. En conséquence, toutes les fois qu'un acte rentrant dans les pouvoirs du tuteur, dépassera en même temps les limites de la pure administration, il faudra imposer l'assistance du curateur au mineur émancipé qui voudrait les accomplir.

Ainsi se trouve déterminé et limité l'effet de l'assistance du curateur sur la capacité du mineur émancipé. On peut, avec M. Laurent, conclure de cette analyse, à l'opposé du premier système, que, loin d'être un principe général, l'assistance du curateur est exceptionnelle.

Est-ce à dire que nous dussions adopter pour déterminer en général les actes soumis à l'assistance du curateur la même distinction qu'en matière de tutelle ; l'assistance du curateur serait alors nécessaire et suffisante au mineur émancipé toutes les fois que le tuteur agit seul ; il faudrait au contraire que le mineur émancipé observât les mêmes formes que le tuteur, quand la loi impose quelque forme à ce dernier. — Nous ne le pensons pas. Ce critérium ne peut pas s'appliquer ici exactement, car les situations juridiques du tuteur et de l'émancipé assisté du curateur ne sont pas identiques. La distinction précédente ne serait pas toujours vraie. D'ailleurs, on aboutirait, en l'adoptant, à retomber dans les mêmes errements que le premier système, si l'on réfléchit que la capacité du tuteur administrant seul est bien près d'être une capacité générale, sauf exception de la loi.

Nous adopterons, en en développant quelque peu l'idée fondamentale, le système indiqué par Demolombe et vers lequel tendent les théories de MM. Huc et Laurent.

En étudiant la capacité personnelle du mineur émancipé, ces trois auteurs remarquent fort justement que les acquisitions de meubles et même les acquisitions dimmeubles lui sont permises, s'il les fait à l'aide de ses revenus. Elles doivent au contraire être annulées, quand elles engagent ses capitaux. Demolombe (1) érige fort justement cette distinction à la hauteur d'une règle fondamentale, et il décide que le mineur émancipé peut faire seul tous les actes dépassant les limites de la pure administration, pourvu que ces actes soient de nature à s'exécuter sur ses revenus. Quand les actes engagent ses capitaux, le mineur émancipé devra être assisté de son curateur.

Cette distinction rentre fort bien, à notre avis, dans le texte et dans l'esprit de la loi : l'article 481 semble en effet donner tous pouvoirs au mineur émancipé sur ses revenus : « il recevra ses revenus, en donnera décharge... ». La limite de la pure administration ne semble ainsi édictée que pour les capitaux ; c'est ce qu'il ne faut pas perdre de vue. Cela ressort de la combinaison de l'article 482 avec les articles 481 et 483. Il n'y a d'ailleurs aucun danger à donner au mineur émancipé, agissant seul, la disposition de ses revenus. Sa fortune n'en est pas diminuée, et on l'encourage par ce moyen à persévérer dans la voie des économies et de la bonne administration. Nous adopterons donc cette base pour établir une règle générale en matière d'assistance du curateur. Nous proposerons la formule suivante qui nous paraît de nature à résoudre les incertitudes auxquelles le laconisme de la loi a condamné les commentateurs :

*Parmi les actes que la loi ne soumet directement ou in-*

(1) Tome 8 §§ 293 et 294.

*directement à l'accomplissement d'aucune forme particulière, le curateur doit nécessairement intervenir, mais son assistance suffit à l'émancipé, pour tous ceux qui, excédant les limites de la pure administration, sont de nature à engager, à transformer ou à déplacer une valeur assez importante pour représenter un capital dans le patrimoine de ce dernier.*

Cette règle ainsi établie va nous permettre de résoudre facilement et rapidement plusieurs points controversés. Elle nous servira de critérium dans chaque cas douteux. Nous en sommes venus à l'étude des divers cas où le curateur doit intervenir.

### SECTION II. — **Des actes accessibles à l'émancipé avec la seule assistance du curateur. — De l'efficacité de cette mesure.**

Nous examinerons dans cette section les principaux actes où l'assistance du curateur est prescrite expressément par la loi, et ceux qu'il faut leur assimiler, en nous demandant si l'assistance du curateur constitue à l'égard de chacun d'eux une protection efficace et suffisante pour le mineur émancipé.

Afin de moins scinder nos explications, nous ramènerons à deux groupes les divers cas d'assistance du curateur, suivant qu'il s'agit d'actes relatifs à la fortune immobilière du mineur émancipé ou à sa fortune mobilière. Au premier groupe se rattachent la reddition du compte de tutelle, l'exercice des actions immobilières et des questions d'état, les partages de successions, de communautés ou de sociétés (art. 840, 1476 et 1872, C. civ.), enfin l'acceptation des donations.

Nous rangerons dans le second groupe la réception d'un capital mobilier (art. 482) et toutes les opérations intéressant la fortune mobilière de l'émancipé, mais ces dernières seront étudiées dans un chapitre spécial.

Chacun des groupes que nous venons d'établir fera l'objet d'un article.

ARTICLE Ier. — *Actes intéressant la fortune immobilière.* — D'une façon générale le Code civil a assuré une protection suffisante à la fortune immobilière du mineur émancipé. Ses rédacteurs, imbus des idées anciennes et pénétrés de la maxime : *Vilis mobilium possessio*, attachaient aux immeubles une importance considérable. Aussi n'est-ce pas relativement à ce premier groupe que nous aurons à exercer nos critiques.

L'assistance du curateur est d'abord nécessaire au mineur émancipé d'après l'article 480 du Code civil pour la réception de son compte de tutelle. Le premier soin du curateur doit être de provoquer cette reddition de la part du tuteur, car le mineur émancipé, qui va désormais gérer sa fortune, doit avant tout en connaître l'état. Si le conseil de famille avait maintenu comme curateur à l'émancipation l'ancien tuteur, il y aurait lieu de nommer un curateur *ad hoc* pour assister le mineur dans cette opération. La discussion et l'apurement du compte de tutelle peuvent dépasser en effet la capacité personnelle du mineur émancipé. L'appui du curateur que lui donne la loi, remédie à son inexpérience. Cette assistance constitue une garantie très sérieuse, car elle est imposée en termes formels au curateur et engage sa responsabilité. C'est un de ces cas prévus expressément par la loi, où la mission du curateur devient plus étroite et participe d'un mandat légal. La sanction de ce devoir est rigoureuse, et une simple négligence expose le curateur à des dommages-intérêts. D'ailleurs quoiqu'il ne soit pas appelé à administrer, le curateur a tout intérêt lui aussi à connaître la fortune du mineur, pour pouvoir intervenir avec quelque autorité dans les cas utiles. Au point de vue de la sécurité des intérêts du mineur, on ne peut pas reprocher à la loi d'avoir été imprévoyante pour la reddition de son compte de tutelle ; elle le traite même sous ce rapport, qu'on le remarque, beaucoup mieux que le pupille devenu majeur de la veille et placé seul vis-à-vis de son ex-tuteur.

Aussi sommes-nous d'avis que l'assistance du curateur est suffisante pour la réception de ce compte. Certains auteurs ont soutenu le contraire : à les en croire, le règlement des comptes de la tutelle constituerait une sorte de transaction, excédant les pouvoirs du mineur émancipé même assisté du curateur. Il faudrait décider, conformément à l'article 467, que le compte doit être nécessairement rendu en justice, ou que le règlement intervenu doit tout au moins recevoir l'homologation du tribunal. On trouve quelques décisions en ce sens (Agen, 19 févr. 1824, P. 1825.2.338 ; Limoges, 3 avril 1838, S. 1838.2.423). Avec la grande majorité des auteurs et la jurisprudence la plus récente, nous repousserons ce système. En présence des termes fort nets de l'article 480, une pareille exigence ajoute à la loi. D'ailleurs comme le fait très bien remarquer Demolombe (t. 8, n° 55) « la reddition du compte de tutelle ne constitue pas en elle-même une transaction dans le sens spécial et technique du mot », et c'est l'article 480 qui constitue le droit commun de la matière. Le mineur peut du reste valablement recevoir un capital mobilier et en donner décharge avec l'assistance de son curateur. Or la quittance donnée au tuteur pour le reliquat de son compte, ne constitue pas autre chose que la réception d'un capital mobilier. S'il s'élevait des difficultés susceptibles de conduire à une transaction, mais alors seulement, l'article 467 deviendrait applicable, et le compte devrait être rendu en justice (Rouen, 28 août 1844, S. 44.2.577; Trib. Seine, 9 déc. 1886, *le Droit* du 4 avril 1888).

Comme suite de cette opinion, nous admettons que, hormis le cas de transaction, l'article 472 doit être écarté de l'hypothèse ; un traité peut intervenir, avant la reddition du compte de tutelle, entre l'ex-tuteur et le mineur émancipé. L'assistance du curateur suffit à éviter les dangers de ces traités, et le texte de l'article 472 est en ce sens : alors que l'article 471 en effet mentionne expressément le cas d'émancipation, à propos du compte de tutelle, son silence sur le mineur émancipé est significatif.

Aux termes de l'article 482, l'assistance du curateur est ensuite requise pour l'introduction en justice d'une demande immobilière ou la défense à cette même action (Amiens, 8 février 1862, S. 62.2.110). Nous remarquerons d'abord qu'il y a ici une double opposition entre les pouvoirs du mineur émancipé et ceux du tuteur. Le tuteur en effet peut, d'après les articles 464 et 465, défendre en sa seule qualité et sans autorisation aux actions immobilières et aux demandes en partage. Le mineur émancipé doit recourir au contraire dans les mêmes cas à l'assistance de son curateur. Cela paraît assez naturel, et c'est, d'autre part, la justification de ce que nous avons cherché à établir plus haut sur la capacité de l'émancipé assisté du curateur. A l'inverse, l'émancipé peut avec cette assistance unique intenter une action immobilière (art. 482), alors que le tuteur doit se faire autoriser par le conseil de famille en pareille occurrence (art. 464, C. civ.). Les pouvoirs de l'émancipé assisté dépassent donc en ce dernier point ceux du tuteur. Il n'apparaît pas de raison bien évidente de cette différence. L'appui du curateur présente encore ici, et pour les mêmes raisons que ci-dessus, une garantie suffisante pour l'émancipé. Néanmoins l'action en justice présentant souvent de grands dangers, nous serions assez disposé à exiger l'assistance du curateur, même en dehors des actions immobilières, toutes les fois que l'action intentée a pour base des actes qui n'ont pas le caractère de la pure administration. C'est ce qu'a décidé avec raison un jugement du tribunal de commerce de la Seine du 15 novembre 1894 (Journal *La Loi* du 5 déc. 1894).

Il s'agissait de la demande en nullité d'un acte d'association commerciale, puis de la vente du fonds de commerce, dirigée par un mari mineur seul contre l'acquéreur de ce fonds. Ce dernier ayant opposé à la demande une fin de non-recevoir tirée de ce que l'instance avait été engagée sans l'assistance d'un curateur, le tribunal déclara la demande mal fondée et en débouta le demandeur, attendu « qu'il est de doctrine et de jurisprudence que le mineur émancipé ne peut engager d'instance sans l'assistance d'un curateur, quand il ne s'agit pas d'actes de pure administration.

« Que les conventions relatives à l'instance actuelle, par leur objet et l'importance des intérêts engagés, excèdent incontestablement les limites d'un acte d'administration. »

Il y avait, dans cette hypothèse, une autre raison d'exiger l'assistance du curateur : la résiliation du marché pouvait faire rentrer dans le patrimoine de l'émancipé demandeur certains capitaux mobiliers ; ce qui aurait conduit à l'application pure et simple de l'art. 482, mais le tribunal ne l'a pas mentionnée. Les motifs indiqués au jugement renferment implicitement, et c'est une base suffisante, la règle que nous avons formulée.

Les mots « importance des intérêts engagés » éveillent en effet l'idée d'un déplacement éventuel de capital dans le patrimoine de l'émancipé. La convention excédait les limites de l'administration.

En règle générale, sauf pour les actes de pure administration, l'assignation d'un émancipé devra donc être signifiée à sa requête, mais avec l'assistance de son curateur. Toute poursuite judiciaire pourra être dirigée contre lui personnellement, mais on devra mettre en cause le curateur. A défaut de cette assistance, l'action intentée par l'émancipé sera irrégulière, et le défendeur pourra toujours à l'origine lui opposer une fin de non-recevoir. Les jugements rendus contre l'émancipé non assisté seraient nuls. Il suffit d'ailleurs, pour régulariser la procédure, que le curateur intervienne ou soit mis en cause avant le jugement. L'assistance se produit donc utilement à un moment quelconque de l'instance. Mais son intervention en appel ne validerait pas le jugement de première instance. Tout au plus maintiendrait-elle l'assignation introductive d'instance devant les premiers juges. Ainsi l'a décidé la Cour de Poitiers dans un arrêt du 27 mai 1880 (S. 82.2.21).

Remarquons d'ailleurs que la personnalité juridique du curateur reste toujours bien distincte de celle de l'émancipé. Le curateur ne pourrait aucunement le représenter en justice. Il ne serait pas recevable à intervenir dans les instances où le mineur ne serait pas partie (Seine, trib. civ., 11 juillet 1890 ; *Droit*, 4 septembre

1890). Cela peut avoir des conséquences importantes au point de vue de la procédure (Paris, 16 mars 1888, *Gaz. Pal.*, 88.1.640). Il en a été fait application pour le défaut profit-joint.

Plusieurs conséquences de cette disposition (assistance du curateur en justice) se trouvent dans la loi ou ont été déduites par les auteurs.

Ainsi l'assistance du curateur est, de l'avis général, nécessaire au mineur, pour poursuivre l'expropriation forcée des immeubles de son débiteur. Cette exigence s'explique par la gravité de la poursuite, et les dangers auxquels peut s'exposer le saisissant dans la saisie immobilière, principalement à raison de la folle enchère ou des suites de certains incidents. D'ailleurs, les poursuites tendent en général au remboursement de capitaux.

L'article 744 du Code de procédure civile exige formellement l'assistance du curateur, pour un de ces incidents : le cas où les parties sont libres de former une demande tendant à convertir la saisie en vente volontaire, ou de s'adjoindre à la demande déjà formée par l'une d'elles. A l'inverse, l'expropriation des immeubles d'un émancipé doit se poursuivre à la fois contre l'émancipé et contre son curateur (arg. art. 2208) et l'article 2206 impose en sa faveur à ses créanciers l'obligation de discuter son mobilier avant toute saisie immobilière.

L'article 840 déclare définitifs les partages faits en justice « par les mineurs émancipés assistés de leurs curateurs ». L'assistance du curateur suffit encore ici à l'introduction de la demande en partage. C'est un des cas où la loi apporte à la règle générale de l'article 484 une dérogation expresse.

Une opinion ancienne, soutenait que l'autorisation du conseil de famille était nécessaire pour cette demande. C'était méconnaître les termes formels de l'article 840. Aussi est-elle aujourd'hui abandonnée.

La forme judiciaire du partage présente ici assez de sécurité. Le recours au conseil de famille ne serait pas d'une bien grande utilité. Il entraverait les formalités déjà si compliquées des partages en justice. Il est vrai que les articles 466 et 840 du Code civil ordonnent que le tuteur soit muni de l'autorisation du conseil de famille pour provoquer un partage, mais on ne peut pas sans un texte étendre cette prescription au mineur émancipé. Au contraire, ce contraste frappant démontre que le législateur a parfaitement entendu faire une différence entre les deux cas. Il a sans doute pensé que le mineur émancipé, comparaissant lui-même dans les diverses opérations du partage, aurait assez de vigilance pour défendre ses intérêts, en s'aidant des avis de son curateur.

L'article 840 ne faisant aucune distinction, la solution doit être la même pour tous les partages possibles, soit qu'il s'agisse d'une succession, d'une communauté conjugale ou d'une société, soit qu'il s'agisse simplement d'objets mobiliers (art. 840 et arg. des art. 1476 et 1872). A part quelques décisions, la jurisprudence est en ce sens (Douai, 30 mai 1856, D. 57.2.10 ; Trib. Seine, 30 novembre 1894. *le Droit* du 27 décembre 1894. *Contrà* Dunkerque, 24 janvier 1856 sous Douai précité).

Que doit-on décider lorsque le partage aboutit à une licitation forcée ? Des difficultés se sont élevées à ce sujet et le désaccord a régné jusqu'à ces dernières années entre la pratique et la jurisprudence. La question s'est posée d'abord pour le tuteur et a donné lieu à une vive controverse. La jurisprudence maintenait fermement l'obligation pour le tuteur d'obtenir l'avis du conseil de famille et surtout l'homologation du tribunal pour poursuivre la licitation. Les décisions judiciaires faisaient ressortir que la licitation peut conduire à une aliénation ; elle remplace dans le patrimoine du mineur une valeur en nature des biens héréditaires par une somme d'argent ; enfin quand les biens passent aux mains d'un adjudicataire étranger, la licitation cesse d'avoir un effet déclaratif et devient véritablement une vente. Cette solution, disait la jurisprudence, est conforme aux textes des articles 457 et 460 du Code civil, 953 et 954 du Code de procédure civile (Agen, 19 juin 1851 et Bordeaux, 23 août 1870, S. 70.2.294 ; Cass. civ., 20 janvier 1880, S. 80.1.209 et note).

La pratique résistait énergiquement à cette interprétation des textes et des principes :

La licitation, a-t-on fait remarquer, si elle peut conduire à une aliénation éventuelle, est toujours une opération destinée à faire cesser l'indivision ; c'est un incident du partage. Elle en devient la conséquence nécessaire et la suite forcée, quand les biens sont devenus impartageables. Il faut donc lui appliquer logiquement les règles de l'action en partage, et ces règles seules. Or d'après l'article 465, l'avis du conseil de famille est nécessaire, mais suffit au tuteur, pour provoquer la licitation ; point n'est besoin de l'autorisation du tribunal.

D'ailleurs, il faut écarter du débat les articles 457, 458 et 459. Quant à l'article 460, il a simplement pour but d'apporter dans un cas spécial une exception à la règle générale concernant les ventes volontaires des biens de mineurs. Il dispense le tuteur des formalités habituelles de ces ventes, au cas de licitation demandée par un copropriétaire indivis. L'avis du conseil de famille et l'autorisation du tribunal seraient inutiles, puisque le tuteur doit nécessairement subir la licitation dès lors que le partage est demandé (art. 815). L'alinéa 2 de l'article ordonne que la vente ait lieu en justice, pour mieux garantir les intérêts du mineur. Telle est la portée de l'article 460, mais on ne saurait en déduire *a contrario* que les formalités de l'avis du conseil de famille et de l'homologation du tribunal doivent être observées, lorsque la licitation est demandée au nom du mineur. Enfin les articles 953 et 954 du Code de procédure civile ne peuvent davantage fournir ici d'argument décisif et doivent être écartés du débat.

La controverse devait se reproduire pour l'émancipé, car la loi ne dit rien de la licitation. Il faut donc se référer à l'article 484 qui renvoie aux règles de la tutelle, et édicte d'ailleurs la prohibition d'aliéner les immeubles « en dehors des formes prescrites au mineur non émancipé ».

La thèse de la pratique nous paraît plus logique que celle de la jurisprudence. Elle repose sur des raisons très graves et nous semble mieux interpréter les textes de la matière. Il semble se produire ces dernières années un revirement dans la jurisprudence. Déjà quelques arrêts avaient consacré le système suivi par la pratique ; Bordeaux, 23 août 1870 (S. 1870.2.294).

Le cas s'est présenté récemment pour le mineur émancipé devant le tribunal de la Seine. Un jugement du 30 novembre 1894 (*le Droit*, 27 déc. 1894) s'écarte de la jurisprudence suivie par la Cour de cassation, en reconnaissant à l'émancipé la faculté de poursuivre une licitation avec la seule assistance de son curateur. Ce jugement est fort bien motivé et résume les arguments fournis par la pratique :

« Attendu que, d'après l'article 840 du Code civil, les mineurs émancipés assistés de leurs curateurs ont, au point de vue du partage, la même capacité que les tuteurs des mineurs autorisés par le conseil de famille ; que, par suite, les mineurs émancipés ont le droit de demander le partage des successions qui leur sont échues, avec l'assistance de leurs curateurs sans qu'il soit nécessaire qu'ils aient été autorisés à cet effet par une délibération du conseil de famille homologuée par justice ;

« Attendu que le Code civil, en conférant au mineur émancipé, assisté de son curateur, la capacité nécessaire pour introduire une action en partage, lui a donné par cela même le droit d'intervenir à toutes les opérations qui tendent à la réalisation du partage ; que, pour s'en convaincre, il suffit de constater que l'article 827, qui prescrit la licitation des immeubles impartageables, et l'article 839, qui détermine les formalités à suivre quand parmi les cohéritiers se trouvent des incapables, sont compris dans la section du Code relative à l'action en partage, et précèdent l'article 840, aux termes duquel les partages sont définitifs s'ils ont été faits conformément aux règles édictées par les articles qui précèdent, soit par les tuteurs avec l'autorisation d'un conseil de famille, soit par les mineurs émancipés assistés de leurs curateurs quand cette demande n'est que l'accessoire de la demande en partage de succession avec laquelle elle se confond et dont elle emprunte le caractère..... »

D'ailleurs l'assistance du curateur est nécessaire en tous cas à l'émancipé pour exercer une action en partage ou poursuivre une licitation. La circonstance qu'il figure dans l'acte à titre de tuteur ne saurait l'en dispenser. Il en serait ainsi au cas où le mineur émancipé par le mariage devenu veuf et tuteur de son enfant avant sa propre majorité, demanderait le partage des biens appartenant à cet enfant, son pupille. Il a été jugé en ce sens que l'émancipé tuteur devrait être assisté de son curateur, dans l'instance en partage concernant les biens de sa fille. Il s'agissait de la succession de la mère prédécédée (Trib. Seine, 27 décembre 1897, *Pand. fr. pér.*, 1897. 2.128).

Pour en terminer avec l'exercice des actions immobilières il nous reste à dire un mot sur l'acquiescement aux actions immobilières ou le désistement de ces mêmes actions. Cette question est aussi controversée. Certains auteurs considèrent suffisante l'assistance du curateur pour acquiescer à une demande immobilière ; l'article 482 du Code civil n'exige, en effet, que cette assistance pour l'introduction d'une pareille demande.

Mais la plupart des commentateurs, et nous nous rangerons à cette opinion, sont d'un avis tout opposé.

L'acquiescement est un acte très grave, qui constitue la renonciation à l'objet de la demande, et peut renfermer une aliénation. On estime donc à bon droit que l'émancipé doit être muni d'une autorisation de son conseil de famille pour le consentir valablement.

Le désistement consiste simplement dans l'abandon d'une action, dont le mineur assisté de son curateur avait le libre exercice. L'assistance du curateur suffira d'après l'opinion commune. Il faudrait pourtant en décider autrement, si, au lieu de porter uniquement sur la procédure, le désistement atteignait le fond du droit ; il équivaudrait alors, en effet, à l'aliénation d'un droit immobilier.

D'ailleurs rien ne s'oppose à ce que le mineur émancipé puisse acquiescer seul, ou avec la simple assistance de son curateur aux demandes mobilières sur lesquelles il peut ester en justice seul, ou moyennant l'assistance de ce dernier.

Le Code ne dit rien des actions concernant l'état et la personne du mineur émancipé. On assimile généralement, pour les formalités, ces actions à celles qui concernent les immeubles.

Il n'y a pas évidemment d'analogie à établir, quant à leur objet, entre ces deux sortes d'actions, mais elles se rapprochent par l'importance des intérêts engagés. Les actions intéressant l'état ou la personne du mineur émancipé touchent des droits moraux autrement importants que tous les intérêts pécuniaires possibles. « Si la loi, dit M. Laurent (t. 5, nº 227), exige pour celles-ci l'assistance du curateur, on doit *a fortiori* l'exiger pour celles-là. » Mais on ne saurait aller plus loin sans ajouter à la loi ; en l'absence de textes, aucune analogie ne permet d'exiger l'autorisation du conseil de famille.

En conséquence, le mineur émancipé aura besoin de l'assistance de son curateur pour intenter une action en désaveu de paternité, une action en nullité de son mariage, introduire une demande en divorce ou en séparation de corps. On trouve néanmoins des dissidences pour certaines de ces actions, soit en doctrine, soit en jurisprudence. Si l'assistance du curateur est utile et désirable, il n'est pas absolument certain qu'elle soit obligatoire au moins dans tous les cas. On a soutenu, non sans quelque raison, qu'en matière de questions d'état, le mineur émancipé devait agir dans toute la plénitude de sa liberté, et n'avait besoin ni de l'autorisation du conseil de famille ni même de l'assistance du curateur. Ainsi on jugeait déjà fort anciennement que le mineur émancipé pouvait former seul une demande en séparation de corps (Bordeaux, 1er juillet 1806, Dalloz, *Rép.*, v° *Minorité*, n° 828 et v° *Séparation de corps*, n° 225 en note).

La jurisprudence actuelle, celle du tribunal de la Seine surtout, tend à dispenser les émancipés de l'assistance du curateur, en matière de divorce et de séparation de corps. D'après plusieurs arrêts récents, la femme mineure n'a pas besoin d'un tuteur *ad hoc* pour intenter à son mari une demande de ce genre (la Cour a voulu probablement parler d'un curateur *ad hoc* et non pas d'un tuteur). L'ordonnance du président du tribunal, qui l'autorise à assigner son mari et à ester en justice jusqu'à la fin de l'instance, la relève de son incapacité à la fois comme femme mariée et comme mineure émancipée (Trib. civ. Seine, 23 juillet 1894, D. 95.2.85). Elle n'a pas davantage besoin de l'assistance de son curateur pour comparaître en conciliation devant le président du tribunal (Trib. Seine, 22 mars 1894, D. 94.2.69).

Les articles 861, 875 et 878 semblent bien favoriser cette solution. Il n'y est ordonné aucune forme pour les mineurs, ce qui est assez concluant au Code de procédure civile, où le législateur prend soin de déterminer les formes spéciales, dans tous les cas où peuvent être intéressés des mineurs. Il ne s'occupe en aucune façon du curateur dans les articles précités.

Par un raisonnement identique, on reconnaît à l'émancipé une capacité suffisante pour intenter seul une action en nullité de mariage (Trib. Bruxelles, 2 février 1861, *Belg. judic.*, 1861, p. 599). Il avait été jugé, dans un sens tout opposé, qu'il fallait à l'émancipé non seulement l'assistance du curateur, mais encore l'autorisation du conseil de famille. C'était exiger beaucoup trop, et l'on ne voit pas trop à quel titre interviendrait le conseil de famille. Mais le système de la jurisprudence actuelle participe au contraire d'une interprétation beaucoup trop stricte des textes de la loi. Ce système est fort dangereux : en privant l'émancipé de son défenseur naturel dans d'aussi graves débats, il l'expose à laisser compromettre ses droits les plus précieux. Les demandes en nullité de mariage, en divorce ou en séparation de corps ne constituent pas, il est vrai, de véritables questions d'état, mais elles doivent être placées sur le même rang, car elles arrivent à modifier d'une façon trop essentielle la condition personnelle des époux. En vain invoque-t-on ici les articles 861 et 878 du Code de procédure civile et leurs termes généraux. Ces articles qui prescrivent certaines formalités comme mesures d'ordre public dans un cas spécial n'ont rien de commun à la question dont il s'agit.

Pour ces divers motifs, nous adopterons le système

le plus généralement suivi en doctrine, en admettant certains tempéraments : à part quelques exceptions, l'assistance du curateur est nécessaire à l'émancipé pour qu'il puisse plaider sur une question d'état ; ce qui est encore exigé par plusieurs tribunaux (V. notam. jugement du tribunal civil de Toulon du 10 déc. 1895, *Pand. fr. pér.*, 1897.2.7).

Nous sommes d'avis, en matière d'exception, ainsi que MM. Aubry et Rau, que l'assistance du curateur n'est pas nécessaire au mineur émancipé pour défendre à une demande en interdiction dirigée contre lui, ni même pour interjeter appel du jugement qui a prononcé cette condamnation (Cass., 15 mars 1858, D. 58.1.653 ; Orléans, 15 mai 1847, D. 47.2.138 ; Bourges, 22 déc. 1862, S. 63.2.132). L'action en interdiction est en effet intentée dans l'intérêt de la partie défenderesse et non pas contre elle ; elle a pour but d'obtenir en sa faveur une protection plus efficace que celle de la curatelle. Enfin les formes spéciales de l'instance en interdiction rendent superflue l'assistance du curateur.

Tout ce que nous avons dit précédemment au sujet de l'acquiescement aux actions immobilières ou du désistement de ces mêmes actions doit s'appliquer aux questions d'état.

Nous assimilons également aux questions immobilières, sous le rapport des formalités protectrices, les demandes en séparation de biens. Ces actions engagent à la fois les intérêts moraux et les intérêts pécuniaires.

Divisant le patrimoine conjugal, elles relâchent plus ou moins les liens du mariage. L'instance en séparation de biens affecte d'ordinaire vis-à-vis de la femme le caractère d'un *judicium universale*, car elle intéresse le plus souvent son patrimoine en entier. Elle aboutit à la dissolution et tend éventuellement au partage de la communauté. L'article 840 s'applique alors directement. En tout cas, la femme a besoin de son curateur pour exercer ses reprises mobilières ou immobilières. La femme mineure doit donc être assistée de son curateur pour exercer une pareille instance. Le mari, défendeur à cette action, doit être assisté de son curateur dans la plupart des cas, pour pouvoir figurer au partage de communauté, ou, quand les époux sont mariés sous un autre régime, parce qu'il est exposé à perdre certains droits immobiliers tels que l'usufruit des immeubles dotaux. Cette assistance ne serait plus nécessaire, si les époux se trouvant mariés sous le régime dotal ou sous le régime de sans-communauté, la dot de la femme était purement immobilière.

L'article 935, § 2, au titre des donations entre vifs, porte : « le mineur émancipé pourra accepter, avec l'assistance de son curateur », une donation qui lui sera faite. Le législateur a sagement agi, en édictant cette mesure, Les donations peuvent être grevées de charges considérables ; elles peuvent dissimuler une intention corruptrice. Une acceptation irréfléchie aurait pu devenir pour l'émancipé une source de perte ou d'ennuis ou nuire à sa réputation d'honorabilité. L'expérience du curateur le mettra en garde contre ces dangers. Les pouvoirs de l'émancipé assisté du curateur dépassent encore ici la capacité du tuteur. Ce dernier doit être autorisé par le conseil de famille à accepter la donation (art. 463). Cette différence s'explique assez bien. Dans un acte de ce genre, la loi se préoccupe avant tout de l'intérêt moral que nous avons signalé. Le tuteur agissant seul aurait pu être trompé et les motifs de la donation auraient pu lui échapper. L'émancipé assisté de son curateur est suffisamment à même de démêler les intentions du donateur. L'article 435, § 3, donne en plus aux ascendants du mineur émancipé ou non le droit d'accepter pour lui. La donation devient alors irrévocable.

Ces règles sont absolument générales et ne souffrent pas d'exception. Si la donation émanait du curateur lui-même, qu'il soit ascendant ou étranger, il y aurait lieu à la nomination d'un curateur *ad hoc* (Cass., 11 juin 1816, S. 16.1.418).

Malgré les termes de l'article 940, on s'accorde à reconnaître que le soin de faire transcrire la donation, s'il y a lieu, appartient à l'émancipé et non à son curateur. Les mots « à la diligence des curateurs » signifieraient alors simplement que le curateur est responsable de cette mesure et qu'il doit en surveiller l'exécution.

ARTICLE II. — *Cas où l'assistance du curateur est prescrite en vue de protéger la fortune mobilière du mineur.* — Le législateur du Code civil a entouré de formalités minutieuses et protectrices la fortune immobilière de tous les mineurs sans distinction, même des émancipés. L'article 484 ne renvoie-t-il pas en effet aux règles de la tutelle pour l'aliénation des immeubles et implicitement pour l'hypothèque ? Nous venons de voir qu'il a pris en outre dans le même but certaines mesures spéciales vis-à-vis des émancipés.

Au contraire, le même Code civil s'est assez peu préoccupé de garantir la fortune mobilière des mineurs en tutelle, et ses précautions à cet effet ne sont pas bien nombreuses, ni bien efficaces. Néanmoins, on en trouve quelques-unes au titre de la tutelle : l'obligation imposée au tuteur de faire dresser un inventaire des biens de son pupille à son entrée en charge (art. 451), celle de faire vendre aux enchères « tous les meubles autres que ceux que le conseil de famille l'aurait autorisé à conserver en nature » dans le mois de la clôture de l'inventaire (art. 452), enfin le placement de l'excédent des revenus sur la dépense (art. 455 et 456). Mais pour l'émancipé, nous ne trouvons à peu près rien : plus de renvoi aux règles précédentes de la tutelle, ce qui se conçoit d'ailleurs aisément, car ces règles ne seraient pas applicables telles quelles à notre matière ; mais on ne trouve pas de dispositions analogues. L'économie du Code civil se réduit ici à une seule disposition : celle de l'article 482, et nous verrons combien peu pratique est son application; cet article défend à l'émancipé de recevoir un capital mobilier et d'en donner décharge sans l'assistance de son curateur.

Les dispositions que nous venons de signaler n'ont trait d'ailleurs qu'aux meubles corporels. En ce qui concerne les meubles incorporels des mineurs, le Code civil présentait une lacune encore plus grave : on n'y trouvait aucune disposition touchant à la conservation de ces valeurs. Les plus grands inconvénients en résultaient, et l'insuffisance de la législation devenait chaque jour plus manifeste par les décisions de la jurisprudence. Les formalités et précautions établies au titre de la tutelle pour la vente des meubles corporels, étaient de l'avis général inapplicables à l'aliénation des valeurs mobilières et autres meubles incorporels. En conséquence, on avait dû reconnaître aux tuteurs le droit d'aliéner les valeurs mobilières de leurs pupilles sans aucune formalité et sans l'autorisation du conseil de famille. La conversion des titres nominatifs en titres au porteur était considérée comme un acte d'administration. La jurisprudence était constante à cet égard (Cass., 8 févr. 1873, S. 73.1.61 et 4 août 1873, S. 73.1. 441). Certains tuteurs infidèles en avaient profité pour jouer à la Bourse avec ces valeurs et les perdre, ou pour les soustraire frauduleusement. D'autres les avaient laissé dépérir, pour ne pas engager leur responsabilité, car les tribunaux consultés par eux sur les opérations se déclaraient incompétents (Paris,11 déc.1871,D.72.2.75).

En ce qui concernait les mineurs émancipés, la doctrine et la jurisprudence avaient fini par s'entendre après quelques hésitations. Dans le silence du Code on exigeait la seule assistance du curateur pour que l'émancipé pût aliéner ses valeurs mobilières. Le texte de l'article 482, qui impose cette assistance pour recevoir un capital mobilier et charge le curateur de surveiller l'emploi de ce capital, servait de base à cette solution. La cession d'une créance, l'aliénation d'un titre d'action ou d'obligation a en effet le résultat de remplacer le titre vendu par un capital mobilier que le mineur émancipé doit recevoir en échange.

Nous aurions admis la même doctrine mais par cette seule raison qu'il y avait dans le patrimoine du mineur émancipé déplacement d'un capital. Cette aliénation devait être régie par la règle générale sur l'assistance que nous avons posée plus haut.

Il y avait pourtant deux exceptions à mentionner qu'avaient apportées certaines dispositions législatives postérieures au Code civil : par interprétation de l'article 3 de la loi du 24 mars 1806 relative au transfert des rentes sur l'État appartenant à des mineurs, on exigeait l'autorisation du conseil de famille pour opérer le transfert des inscriptions de rentes supérieures à 50 francs ; un décret du 25 septembre 1813 prescrivait également cette autorisation pour aliéner plus d'une action de la Banque de France ou plusieurs parts d'actions représentant dans leur ensemble plus d'une action entière. Enfin l'ordonnance royale du 29 avril 1831, en créant les rentes au porteur, prohibait la conversion des titres nominatifs appartenant aux mineurs. Mais ces quelques mesures étaient, dans le silence du Code, impuissantes à protéger les meubles incorporels des mineurs ordinaires et des mineurs émancipés.

Du reste, malgré les solutions de la doctrine et les décisions de la jurisprudence que nous venons de rapporter, une tendance contraire s'était peu à peu fortement accusée dans la pratique des affaires. La Chancellerie d'abord avait pris l'habitude d'exiger l'autorisation du conseil de famille et l'homologation du tribunal pour la validité administrative des traités de cessions d'offices, et on avait dû se soumettre à cette exigence. Certaines sociétés industrielles ou commerciales émissionnaires d'actions nominatives ou d'obligations, les grandes compagnies de chemins de fer notamment, avaient ensuite voulu suivre cet exemple. Elles réclamèrent l'observation des formalités précédentes pour l'aliénation, le transfert ou la conversion des titres appartenant aux incapables ; faute par les tuteurs, les représentants des incapables ou les mineurs émancipés d'obtempérer à cette exigence, elles refusaient d'accomplir l'opération qu'on leur demandait de faire. Il résultait de cet état de choses des conflits perpétuels entre la pratique des affaires et les grandes compagnies d'une part, et les tuteurs, mineurs émancipés soutenus par la jurisprudence de l'autre. De vives plaintes ne tardèrent pas à s'élever et des réclamations furent faites auprès du ministre de la justice par la Chambre des notaires de Paris et par quelques compagnies. Ce mouvement d'opinion a influé sur les pouvoirs publics, et après une période d'attente assez longue, due aux événements politiques, il aboutit à la loi du 27 février 1880.

Cette loi a opéré d'importantes réformes, en créant de nouvelles garanties pour assurer aux mineurs la conservation de la fortune mobilière. Ses dispositions concernent surtout les mineurs en tutelle ; mais elle s'applique aussi aux mineurs émancipés. Nous aurons à examiner dans quelle mesure elle s'en occupe, et quelle situation elle leur fait. Nous le ferons dans un chapitre spécial pour plus de clarté dans l'exposition de notre sujet. Comme cette loi embrasse dans sa généralité les créances sur particuliers et par conséquent les cessions de créances, les ventes des offices et des fonds de commerce, nous renvoyons au chapitre spécial nos développements sur tous ces points. Nous n'avons donc à nous occuper actuellement que des mesures prises par le Code civil pour protéger la fortune mobilière des mineurs émancipés.

L'article 482 du Code civil dispose, avons-nous dit, que le mineur émancipé ne peut « recevoir et donner décharge d'un capital mobilier sans l'assistance de son curateur, qui, au dernier cas, surveillera l'emploi du capital reçu ».

Les termes « capital mobilier » paraissent à première vue constituer un pléonasme, puisqu'aux termes de l'article 529, tous les capitaux sans distinction sont meubles, même les rentes.

Mais il n'en était plus ainsi au moment où fut voté l'article 482. L'article 529 ne l'était pas encore, et on ne savait donc pas à ce moment si on allait revenir à l'ancienne théorie des rentes foncières qui étaient encore immeubles, ou conserver celle du droit intermédiaire. D'autre part l'addition du mot « mobilier » n'est pas inutile, depuis que certaines lois postérieures au Code ont permis d'immobiliser certains capitaux comme les rentes sur l'État et les actions de la Banque de France (décrets du 16 janvier 1808, art. 7 ; du 1er mars 1808, art. 2 et 3).

Par capital on entend toute somme due à un titre autre que d'intérêts, d'arrérages de fruits, de jouissance. Il faut de plus (Demol., t. 2, n° 292) qu'elle présente une certaine importance par rapport à la fortune de l'émancipé et qu'elle puisse faire l'objet d'un placement. Et il faut entendre le mot « revenus » dans son sens le plus strict, c'est-à-dire au sens d'arrérages échus d'un capital ou d'une rente. Le paiement anticipé de fermages ou loyers, le versement de revenus à échoir devraient être assimilés à la réception d'un capital. Il faudrait à l'émancipé l'assistance de son curateur (Poitiers, 5 mars 1823, S. et P. chr., D. A., 12.780).

Mais faut-il faire rentrer dans cette expression les économies réalisées par le mineur sur ses revenus, quand il les a placées ? Doit-il, pour les retirer, être assisté de son curateur ? D'après certains auteurs, la réponse doit être négative (Toullier, II, n° 1298 ; Taulier, t. 2, p. 93), et l'émancipé aurait la libre disposition des économies qu'il a réalisées sur ses revenus. Soustraire ces capitaux à la surveillance du curateur est le moyen le plus sûr d'augmenter chez lui des goûts d'ordre et d'économie, c'est aussi le moyen de lui apprendre à diriger par lui-même sa fortune, sans lui faire courir de grands risques, car ces sommes ne sont jamais bien fortes. D'ailleurs, ajoute-t-on, ces sommes ne sont pas des capitaux à proprement parler, puisqu'elles proviennent des revenus ; même capitalisées elles conservent leur caractère primitif de revenus ; or, l'émancipé a, d'après l'article 481, toute liberté pour les recevoir et en user à sa guise.

Cette première opinion est généralement repoussée. L'article 482, dit-on, ne fait aucune distinction quant à la provenance des capitaux. En outre, son but est de protéger l'émancipé, et ce dernier n'a-t-il pas besoin de protection dans cette hypothèse comme dans toute autre. Les écarts de conduite sont faciles à cet âge : économe aujourd'hui, il peut devenir prodigue demain. On lui rendrait un mauvais service en lui laissant dépenser en quelques jours ce qu'il a mis plusieurs mois à amasser.

La question doit être résolue, à notre sens, par une distinction. Quand l'émancipé a économisé ses revenus mais les a gardés par devers lui, il est de toute justice de l'en laisser maître absolu. Les raisons invoquées par le premier système se présentent alors toutes avec une grande force : le mineur mérite d'être encouragé dans ses efforts d'économie. Les sommes dont il s'agit seront en général peu importantes, et surtout elles ne peuvent pas strictement être regardées comme des capitaux. En tout cas, le fussent-elles, nous ne sommes pas ici dans l'hypothèse visée par la loi : l'émancipé ne reçoit pas de capital, puisque les sommes sont déjà entre ses mains à moins que l'on ne dise qu'il se verse à lui-même un capital mobilier, ce qui serait, croyons-nous, exagéré. Il peut donc faire de ces sommes ce que bon lui semble. Ainsi avons-nous raisonné nous-mêmes plus haut, en lui reconnaissant le pouvoir de disposer de cet argent.

Il doit en être autrement quand les sommes dont nous nous occupons ont été placées. Ce n'est pas que l'émancipé mérite dans ce cas moins d'encouragements ; sa gestion a été au contraire encore plus méritoire qu'au premier cas. Mais en faisant un placement, le mineur a réellement capitalisé ses économies, et il s'en est lui-même retiré la libre disposition. Les sommes ainsi placées seront en général plus importantes ; peut-être le mineur a-t-il senti lui-même la nécessité de les soustraire à ses caprices. Peu importe d'ailleurs son intention : les sommes ont cette fois perdu leur caractère primitif ; leur retrait n'est pas autre chose que la réception d'un capital. L'assistance du curateur devient donc nécessaire. Il est certainement regrettable que la loi n'ait pas prévu ce cas, mais les termes formels de l'article 482 ne permettent pas d'établir une exception.

Une autre difficulté s'est présentée pour la réception

des capitaux au sujet du mari dotal. Cet époux mineur peut-il recevoir seul le paiement des débiteurs et détenteurs de la dot de sa femme ou le remboursement des rentes données en dot? Peut-il en fournir valable quittance? Un parti l'a prétendu invoquant en sa faveur l'ancienne jurisprudence et l'article 1990. L'ancienne jurisprudence reconnaissait en effet ce pouvoir au mari mineur. Sous le Code, le mineur émancipé peut être choisi comme mandataire, aux termes de l'article 1990. Il peut donc valablement faire seul les actes rentrant dans son mandat; le mari est regardé comme le mandataire général de sa femme. Il peut recevoir seul à ce titre le paiement de la dot de sa femme.

Nous ne sommes pas de cet avis. Cet article ne saurait être invoqué ici, car il ne donne d'action au mandant contre le mandataire mineur « que d'après les règles générales relatives aux obligations des mineurs », c'est-à-dire, pour l'émancipé, dans les limites d'un acte d'administration. Le mari mineur ne peut donc endosser seul la responsabilité de la restitution de la dot. Il ne pourra toucher les capitaux constitués en dot à sa femme qu'avec l'assistance de son curateur.

On s'est enfin demandé si l'émancipé devait se faire assister de son curateur pour recueillir comme héritier l'argent renfermé dans le secrétaire d'un défunt, mais cette question et quelques autres ne présentant qu'un intérêt assez secondaire, nous nous contenterons de les signaler.

Quelle que soit l'origine des deniers reçus par l'émancipé, il ne peut donc en donner décharge que sous l'assistance du curateur. Ce dernier doit en outre en surveiller l'emploi, nous dit l'article 482 *in fine*, et cette obligation n'incombe qu'à lui seul. Elle engage étroitement sa responsabilité, au cas où le mineur aurait dissipé les fonds faute d'emploi. Cette surveillance sera le plus souvent difficile à exercer pratiquement ; car une fois les fonds versés entre ses mains, l'émancipé peut les dépenser en très peu de temps ou les placer immédiatement d'une façon peu sûre. Comment le curateur pourrait-il en contrôler l'usage ? On a proposé divers moyens plus ou moins pratiques, mais tous ont un caractère arbitraire. Il doit être permis au curateur, dit-on, de ne signer la quittance que sous la condition que les fonds seront immédiatement utilisés, ou déposés du moins, en attendant leur emploi, à la Caisse des Dépôts et Consignations. Sur quel texte de loi peut-on bien fonder de pareilles exigences ? Le moyen précédent est l'application pure et simple à l'émancipé des règles édictées pour le remploi au titre du mariage. Cette extension n'est, à notre sens, nullement justifiée. Quant à la consignation de la somme, ce n'est pas un emploi des fonds, même si la consignation doit être provisoire. Devra-t-on attendre la majorité de l'émancipé ? C'est immobiliser des ressources nécessaires pour un temps peut-être fort long. Le retrait antérieur à cette époque présente les mêmes difficultés que le versement. Cette solution ne fait donc qu'éloigner la question sans la résoudre. Elle complique inutilement la situation et augmente les frais, sans accroître les garanties. Nous la repoussons pour notre part.

La vérité est qu'ici la loi est absolument insuffisante : elle impose au curateur une mission de surveillance délicate, engageant fortement sa responsabilité, sans se préoccuper des moyens par lesquels il pourra l'exercer. Le curateur est ainsi placé dans une situation difficile.

Toute latitude devra lui être laissée dans cette mission : il lui appartiendra d'agir au mieux des intérêts de l'émancipé selon les circonstances. Toutes les fois qu'un conflit s'élèvera entre lui et le mineur au sujet d'un placement, le parti le plus sûr est de s'en remettre à l'appréciation des tribunaux. Ils décideront en fait à propos de chaque hypothèse, si le curateur a, oui ou non, rempli son mandat. Cette appréciation devra être, avons-nous dit, très large.

Il faut avouer que cette solution, quoique la meilleure, est bien peu satisfaisante. Le Code civil n'a pas pris en somme de précautions efficaces à l'égard du placement des capitaux mobiliers. Faute d'un pouvoir coercitif suffisant, la mesure qu'il prescrit sera la plupart du temps inutile.

Au surplus, dans le silence de l'article 482, l'obligation de surveiller l'emploi n'incombe qu'au curateur : le tiers qui paie à l'émancipé avec l'assistance du curateur n'a pas à se préoccuper de cette surveillance ; il demeure valablement libéré, que le capital soit ou non employé. Cela est généralement reconnu. C'est bien une preuve qu'on sent l'impossibilité d'appliquer ici les règles du remploi matrimonial. Peut-être faudrait-il déclarer le tiers garant du remploi s'il s'agissait du remboursement d'une rente foncière (arg., art. 4, titre 2 de la loi du 29 décembre 1790).

De cette obligation imposée au curateur de surveiller l'emploi des capitaux, il résulte que l'émancipé ne peut pas acheter seul une certaine quantité de meubles, ni des immeubles au moyen d'un capital. Cet achat constitue un emploi pour lequel le curateur doit intervenir.

Ces acquisitions lui seraient au contraire permises s'il les faisait avec des économies accumulées dont il aurait gardé la possession, mais il faudrait appliquer la solution précédente pour des économies placées.

Que doit-on penser de certaines aliénations que la loi n'a pas prohibées? Nous faisons ainsi allusion aux aliénations de meubles corporels que voudrait faire le mineur émancipé. Ces aliénations pouvant amener le versement d'un capital entre les mains du mineur, ne faut-il pas exiger l'assistance du curateur par application de l'article 482?

Les auteurs sont divisés sur cette question. Pour Aubry et Rau, quoique une telle vente constitue par sa nature un acte de disposition, le mineur émancipé peut vendre ses meubles corporels quels qu'ils soient. Il n'y aurait aucune distinction à faire ici entre les choses mobilières sujettes à un prompt dépérissement et celles qui ne le sont pas. On ne trouve aucune trace de cette restriction dans les textes qui régissent l'émancipation. Il résulte plutôt par *a contrario* des articles 484 et 482, que le législateur a entendu laisser au mineur émancipé la libre disposition de son mobilier corporel. « Ce qui peut expliquer et justifier jusqu'à un certain point le système du curateur, disent ces auteurs, c'est d'une part l'idée traditionnelle exprimée par l'adage : *Mobilium possessio vilis*, et d'autre part les grandes difficultés auxquelles aurait donné lieu dans la pratique l'application de la distinction proposée. » Troplong (*Vente*, 1.167) exige au contraire l'assistance du curateur en invoquant l'article 484. Puisque le mineur émancipé ne peut recevoir seul un capital mobilier, il ne peut, pour la même raison vendre des meubles corporels ; cette vente, quant au paiement du prix, rentre dans les termes de l'article 482. « Cette conclusion est évidemment exagérée », disent MM. Aubry et Rau, et nous partageons ce sentiment : en suivant cette voie, il faudrait refuser au mineur émancipé la faculté de vendre même des denrées ou des meubles sujets à un prompt dépérissement, c'est-à-dire entraver son administration.

La plupart des auteurs après Demolombe, distinguent entre les ventes celles qui affectent le caractère d'actes d'administration et celles qui constituent des aliénations véritables. Ils restreignent aux premières la capacité personnelle du mineur émancipé vendeur. Cette distinction résulterait du rapprochement des articles 481,482 et 484. Mais cela ne tranche point la question, car on ne s'accorde pas d'une part, pour déterminer jusqu'où va, en matière de meubles, le pouvoir d'administration ; d'autre part, on n'indique pas de critérium sérieux pour déterminer le caractère exact de la vente, ou bien on s'en réfère à celui que avons repoussé avec MM. Aubry et Rau. Dans un arrêt du 29 août 1876 (D. P. 80. 1.62) la Cour de Paris s'est bornée à dire que ce pourvoi était excédé lorsqu'il s'agissait d'un mobilier d'une valeur considérable.

Quant à nous, nous appliquerons à cette espèce la règle générale que nous avons posée plus haut. Nous sommes ainsi amenés à permettre au mineur émancipé d'accomplir seul les ventes qui ne déplacent pas un capital dans son patrimoine. Nous voulons dire par là que le mineur émancipé pourra vendre seul tous les meubles qui ont le caractère de fruits comme les récoltes, les meubles sujets à dépérissement. Il en sera de même pour tout mobilier qui présenterait une valeur insignifiante par rapport à sa fortune totale. Ces ventes seront en général des actes d'administration, mais ce n'est pas absolu, et il y a un point de fait à régler. Les tribunaux devront l'examiner dans chaque espèce. Le mineur émancipé devra être assisté de son curateur pour aliéner les meubles qui sont en général considérés comme des capitaux : une universalité mobilière par exemple, des objets précieux tels que des bijoux, une collection de tableaux, etc. (Paris, 18 déc. 1878 et Cass., 7 juill. 1879, S. 80.1.206; Paris, 23 déc. 1891, D. 92.2. 435).

En principe, le mineur émancipé n'a pas besoin d'être assisté pour plaider relativement à ses droits mobiliers; l'article 485 ne vise que les actions immobilières. Il peut donc ester en justice soit en demandant, soit en défendant sur toutes actions mobilières. N'y a-t-il pas lieu cependant d'établir une exception pour les universalités mobilières et les contestations concernant les capitaux qui peuvent lui être dus ? Cette question a soulevé des controverses : on ne pourrait échapper en aucun cas aux termes fort précis de l'article 482, disent les uns. Partant de ce principe, la Cour d'Amiens a décidé que le mineur émancipé défendait valablement seul à une action personnelle et mobilière dirigée contre lui, et qu'il n'était pas besoin, pour la validité de l'instance, de mettre en cause son curateur (Amiens, 8 fév. 1862, S. 62.2. 110). Quelques auteurs sont entrés dans cette voie, notamment Demante et Colmet de Santerre, et ils autorisent le mineur à plaider seul même sur un capital. Il n'est pas toujours besoin d'être capable d'aliéner pour pouvoir plaider, disent ces auteurs. Si la loi prescrit l'assistance du curateur pour la réception d'un capital, c'est parce que le mineur pourrait le dissiper instantanément, et il n'y a dans une instance relative à un capital, aucun risque de ce genre. Enfin, le danger résultant pour le mineur émancipé d'une défense inhabile est à peu près écarté par la communication au ministère public et la faculté pour le mineur de se pourvoir en requête civile.

Le plus ordinairement, on est d'avis pour admettre l'exception que nous avons proposée. En plaidant seul sur un capital, le mineur émancipé en dispose seul, car il peut le compromettre ; or, la loi lui en retire la disposition. Comment peut-on, d'autre part, permettre à l'enfant de réclamer seul en justice un objet qu'il ne peut pas recevoir seul. Ces raisons paraissent péremptoires, la première surtout : en suivant seul sur l'action, le mineur tourne la loi ; il peut perdre maladroitement son capital et le danger est insuffisamment écarté à cet égard par la communication au ministère public et la voie de la requête civile. On pourrait bien à la rigueur admettre que le mineur puisse plaider seul et doive se faire assister de son curateur pour recevoir le paiement du capital, mais cette solution, déjà peu conforme à l'esprit de la loi, manquerait d'unité. D'ailleurs l'émancipé trouverait facilement, en plaidant seul, le moyen de tourner la loi, en se faisant verser le montant de la condamnation, avant que le curateur ait eu le temps d'intervenir. On ne doit pas lui fournir ce moyen. Ainsi pensent Aubry et Rau (1), et nous nous rangerons à cette opinion. L'introduction des actions concernant des universalités mobilières et les capitaux mobiliers du mineur ainsi que

(1) Tome I (5e édit.), § 132-3°, texte et notes 13 et 14, p. 845.

la défense à de pareilles actions nécessite donc l'intervention du curateur. Cette assistance est également nécessaire pour l'acquiescement aux demandes de ce genre et le désistement de ces mêmes actions. Par application de ce système, il en est de même pour les demandes en partage d'une communauté ou d'une société composées exclusivement d'objets mobiliers ; car il s'agit toujours ici d'un capital mobilier ; d'ailleurs l'article 840 exige d'une façon générale l'assistance du curateur pour les partages, sans distinguer entre les successions mobilières et les successions immobilières.

La jurisprudence ne s'est pas encore prononcée sur la question de principe, et ses décisions paraissent souvent être des décisions d'espèces. On trouve, comme on a pu le voir, des arrêts dans les deux sens. L'évolution semble cependant s'opérer en faveur de notre système, si l'on en juge par les arrêts les plus récents (Poitiers, 27 mai 1880, S. 82.2.21). Cette tendance paraît même s'accuser dans certaines décisions qui sembleraient au premier abord défavorables à notre thèse. C'est ce que l'on peut induire notamment d'un arrêt rendu par la Cour de Paris le 23 décembre 1891 sur l'appel d'un référé.

Ce référé avait, au cours d'une saisie-exécution, ordonné la vente d'un mobilier dont la fille du saisi, mineure émancipée, s'était prétendue seule propriétaire. La Cour décida que la mineure avait pu interjeter appel de l'ordonnance en litige sans l'assistance de son curateur, par le motif que cet appel constituait « en la cause une mesure conservatoire et urgente n'excédant pas les pouvoirs de la mineure émancipée... ». En s'attachant ainsi au caractère de l'acte litigieux, la Cour a évité de se prononcer sur l'étendue du pouvoir d'administration appartenant à l'émancipé, relativement aux meubles. Elle a de cette façon tourné la difficulté. Un acte se présentant comme une mesure conservatoire rentrerait-il donc toujours dans la catégorie des actes d'administration? Nous ne le pensons pas et considérons comme assez peu exact le motif tiré de l'urgence. Il conduirait à autoriser, en cas d'urgence, même l'exercice d'une action immobilière, ce qui serait contraire à l'article 482. Au fond, les juges paraissent plutôt s'être déterminés par le caractère conservatoire, ou mieux provisoire du référé, qui laisse intacts les droits de chacun : le référé est en quelque sorte à l'instance principale ce qu'est l'acte d'administration par rapport à l'acte de disposition. Cela n'implique-t-il pas dès lors que toute action mobilière susceptible de modifier la consistance du patrimoine de l'émancipé ne peut être intentée qu'avec l'assistance du curateur ?

Cette constatation nous guidera pour résoudre les questions relatives à l'exécution des jugements obtenus ou aux poursuites intentées par l'émancipé, en matière de meubles ou de capitaux. L'émancipé pourra faire seul tous les actes conservatoires tels que actes interruptifs de prescription, protêts, saisies, oppositions, renouvellement d'une inscription hypothécaire. Il pourra intenter également toute poursuite relative à ses revenus.

Mais pour tous actes d'exécution proprement dits tendant au remboursement d'un capital, il lui faudra l'assistance du curateur. Malgré quelques décisions adverses (1) la jurisprudence est en ce sens. Les tribunaux ont notamment refusé à l'émancipé la faculté de faire au débiteur d'un capital mobilier commandement de payer (Douai, 22 déc. 1863, D. 85.2.246). La mission confiée à un huissier de signifier un commandement emporte avec elle le pouvoir de toucher la créance. L'émancipé ne peut donc pas donner cette mission, quand il s'agit d'un capital.

Telles étaient les seules mesures de protection légale édictées par le Code civil en faveur des émancipés. Il était muet sur l'aliénation des valeurs mobilières et des autres meubles incorporels. Il ne s'était pas non plus préoccupé des cessions de créance et des autres transports. Nous avons vu qu'on était généralement d'accord pour leur permettre d'accomplir ces opérations avec la seule assistance du curateur (2). Il était bien difficile en effet, soit directement soit indirectement, de requérir en outre l'autorisation du conseil de famille. Il n'y avait d'exception sur ce point que pour les rentes sur l'État et les actions de la Banque de France qui jouissaient d'une législation spéciale. La loi du 27 février 1880 a réglementé la fortune mobilière. Le moment est venu d'en aborder l'examen.

(1) Douai, 26 avril 1865, S. 66.2.174.
(2) Cass., 13 janvier 1840, S. 40.1.449.

## CHAPITRE III

### INNOVATIONS APPORTÉES PAR LA LOI DU 27 FÉVRIER 1880 DANS LE SYSTÈME DE PROTECTION LÉGALE DES MINEURS ÉMANCIPÉS.

Nous savons quels grands inconvénients résultaient en pratique du laconisme du Code sur la fortune mobilière en général des mineurs ordinaires ou émancipés et de son silence absolu sur les valeurs mobilières et sur tous les meubles incorporels. La négligence du législateur de 1804 paraît inconcevable à première vue. Elle s'explique par des considérations historiques qui n'auraient pas dû influer autant sur les décisions des rédacteurs du Code. La situation faite aux mineurs, quant à leur fortune mobilière, était devenue d'autant plus critique en ces dernières années, que cet élément du patrimoine a pris depuis le commencement du siècle un très grand accroissement, dans la fortune publique et privée. Aussi une réforme législative était devenue indispensable, et la loi de 1880 a été imposée au législateur, comme nous l'avons dit, par la force même des circonstances.

Le but général de la loi du 27 février 1880 fut de créer de nouvelles garanties pour assurer aux mineurs et aux autres incapables la conservation de leur fortune mobilière. Elle est comme son titre l'indique en partie « relative à l'aliénation des valeurs mobilières appartenant aux mineurs et aux interdits et à la conversion de ces mêmes valeurs en titres au porteur ». La portée de la loi est plus étendue que ce titre. En outre des rentes, actions, parts d'intérêts et obligations, elle s'applique certainement aussi aux créances sur particuliers, aux offices, aux fonds de commerce, aux droits de propriété littéraire et artistique, aux brevets d'invention, marques de fabriques, etc... etc... Il s'agissait d'une façon générale de ne pas laisser à l'avenir tous les meubles incorporels appartenant aux mineurs à la complète disposition des tuteurs ou des mineurs, émancipés même assistés de leurs curateurs. L'économie de la loi du 27 février 1880 peut se ramener à trois dispositions principales :

*a*) L'aliénation de toutes les valeurs mobilières appartenant aux incapables, de quelque nature que soient ces valeurs, ne peut avoir lieu qu'avec l'autorisation du conseil de famille et l'homologation du tribunal, au-dessus de 1500 francs.

*b*) La conversion des titres nominatifs en titres au porteur est soumise aux mêmes conditions et formalités que l'aliénation, car elle en est l'équivalent. Les tuteurs n'ont plus le pouvoir de faire seuls ces conversions, comme le leur reconnaissaient antérieurement les tribunaux. En outre, ils devront au contraire convertir en titres nominatifs les titres au porteur appartenant aux mineurs lors de l'ouverture de la tutelle ou lui advenant au cours de la tutelle, et cela dans un certain délai. Le conseil de famille peut exiger le dépôt des titres au porteur conservés.

c) Les tuteurs devront faire emploi des capitaux appartenant aux mineurs ou lui advenant au cours de la tutelle.

Les dispositions de cette loi s'appliquent sans difficulté à la tutelle qu'elles visent directement. Il n'en est plus de même pour les mineurs émancipés. Le législateur de 1880 a bien eu l'intention de les faire bénéficier des garanties protectrices qu'il établissait, mais on ne sait au juste dans quelle mesure. Il n'est en effet question d'eux que dans un seul article (art. 4) et à propos seulement de l'aliénation des valeurs mobilières. Encore ne s'agit-il que de certains mineurs émancipés.

Cet article est ainsi conçu : « *Le mineur émancipé au cours de la tutelle, même assisté de son curateur, devra observer pour l'aliénation de ses meubles incorporels les formes ci-dessus prescrites à l'égard du mineur non émancipé.*

« *Cette disposition ne s'applique pas au mineur émancipé par le mariage.* »

Dans le projet primitif présenté par le gouvernement, il n'y avait pas de texte spécial sur ce point. L'article premier assimilait simplement le mineur émancipé aux tuteurs : « Les tuteurs des mineurs et interdits *et les mineurs émancipés*, disait cet article, ne pourront vendre sans une autorisation.... » Cela aurait donné toute satisfaction aux intérêts des mineurs émancipés.

Bien plus la loi de 1880 aurait pu garder le silence sur l'étendue de ses prescriptions : du moment qu'elle concernait toutes les tutelles, elle aurait régi toutes les personnes dont les pouvoirs personnels peuvent s'assimiler à ceux d'un tuteur. Il en aurait été ainsi pour les mineurs émancipés. Mais il parut préférable à la commission du Sénat de faire à leur sujet une disposition spéciale, et l'article 4 fut voté après de longs débats qu'il serait oiseux de rapporter ici.

Une seule chose résulte avec certitude de cet article 4 que l'on aurait beaucoup mieux fait de ne pas voter, c'est qu'il faut distinguer plusieurs catégories de mineurs émancipés, nous allons voir lesquelles, et que la loi s'applique seulement à l'une de ces classes. Pour le reste, l'article 4 n'a rien de précis. Son laconisme regrettable a soulevé de vives controverses sur le point de savoir s'il fallait appliquer à la catégorie de mineurs émancipés visés par l'article 4, toutes les dispositions de la loi ou seulement quelques-unes d'entre elles ; nous les examinerons rapidement au cours de ce chapitre.

Ce chapitre comprendra quatre sections. Nous rechercherons, dans les trois premières :

A quels mineurs émancipés s'applique la loi du 27 février 1880 ;

Dans quelle mesure elle s'applique à la catégorie qu'elle vise.

Quelle est la situation des autres mineurs émancipés.

Enfin nous présenterons dans une quatrième section une critique de cette loi.

## SECTION I. — A quels mineurs émancipés s'applique la loi de 1880 ?

Il résulte des termes de l'article 4 que la loi de 1880 n'a trait qu'aux mineurs émancipés expressément au cours de la tutelle. Echappent donc à ses dispositions :

1° Les mineurs émancipés par leur propre mariage. L'article 4 § 2 le dit formellement.

2° Tous les mineurs émancipés autrement qu'au cours de la tutelle c'est-à-dire en général ceux qui auront été émancipés au cours du mariage de leurs père et mère, soit par le père soit par la mère à défaut du père (1).

Le législateur a cru utile de distinguer plusieurs catégories de mineurs émancipés pour plusieurs raisons que nous révèlent les travaux préparatoires de la loi : on a d'abord pensé qu'une trop grande rigueur était inutile vis-à-vis des deux catégories ci-dessus, à cause de leur situation spéciale. Ainsi on a dit que la condition du mineur marié méritait une faveur légale, parce que l'aptitude au mariage suppose un développement intellec-

(1) On dit généralement « les mineurs émancipés au cours du mariage de leurs père et mère », mais cette formule n'est pas exacte : il y a des cas où l'enfant se trouve placé en tutelle bien que le mariage de ses parents ne soit pas dissous, s'ils ont été par exemple tous deux déchus de la puissance paternelle (loi du 24 juillet 1889).

tuel et moral assez avancé. Quant au mineur émancipé au cours du mariage de ses père et mère, il n'y a pas de curatelle à proprement parler.

On a fait ressortir d'autre part que les deux catégories de mineurs émancipés dont nous nous occupons n'avaient pas besoin d'une protection aussi énergique. Ainsi pour les mineurs émancipés par le mariage, c'est généralement, a-t-on dit, la femme qui se marie en état de minorité, et elle sera suffisamment protégée par son contrat de mariage ou par la nécessité de l'autorisation maritale. D'autre part, la coexistence des deux époux, leur affection et leur vigilance, pour les enfants émancipés au cours du mariage de leurs parents, constituent des garanties suffisantes pour la conservation de la fortune mobilière des enfants.

Quoi qu'il en soit, la capacité du mineur émancipé pour l'aliénation des valeurs mobilières dépend exclusivement du mode de l'émancipation. Peu importeront les modifications ultérieures.

### SECTION II. — **Dans quelle mesure la loi du 27 février 1880 s'applique-t-elle aux mineurs émancipés au cours de la tutelle ?**

L'article 4 de la loi leur déclare applicables les articles 1, 2 et 3. Il s'ensuit que ces mineurs émancipés, même assistés de leurs curateurs, ne peuvent en aucun cas aliéner leurs valeurs mobilières, quelque minimes qu'elles soient, sans l'autorisation du conseil de famille.

De plus, lorsque la valeur des droits à aliéner dépassera 1.500 francs en capital, la délibération du conseil de famille devra être homologuée du tribunal. L'assistance du curateur sera en outre nécessaire au mineur émancipé,et l'agent de change chargé de la négociation pourra refuser de l'opérer, si cette assistance n'a pas été demandée. Mais le mineur émancipé expressément au cours de la tutelle n'a pas besoin d'être assisté de son curateur pour provoquer la réunion du conseil de famille, ni pour demander l'autorisation et, s'il y a lieu, l'homologation nécessaires, car ce sont là de simples mesures d'administration, des procédures préparatoires à la vente. Enfin certaines mesures sont prises pour la vente elle-même. Les valeurs cotées à la Bourse doivent être vendues par l'intermédiaire d'un agent de change au cours moyen du jour.

D'une façon générale, la loi de 1880 a ainsi assimilé la vente des valeurs mobilières appartenant aux mineurs, à celle de leurs immeubles telle qu'elle est régie par le Code civil. La réglementation est pourtant un peu moins étroite en ce sens que l'utilité de la vente suffira à la justifier ; une plus grande latitude est aussi laissée au conseil de famille. On a imposé à la première catégorie d'émancipés les règles de la tutelle en un point où il leur suffisait auparavant d'être munis de l'assistance de leurs curateurs. Nous n'avons donc pas à entrer dans de longs développements sur l'application de cette loi. Ils se rattachent à une étude de la minorité et sortiraient du cadre de notre sujet. Nous nous bornerons à rappeler en quelques mots la portée de la loi pour les cas non douteux. Nous étudierons ensuite plus longuement quelques cas où la législation de 1880 doit être écartée ou combinée avec d'autres dispositions plus anciennes. Quoiqu'ils puissent se ranger également dans une étude de la minorité, ils présentent un certain intérêt lorsqu'on envisage les mineurs émancipés, et d'ailleurs quelques-unes des décisions judiciaires auxquelles ces cas avaient donné lieu ont été rendues au sujet de mineurs émancipés.

La disposition de l'article 1er de la loi de 1880 qui prescrit l'autorisation du conseil de famille parfois homologuée du tribunal pour l'aliénation des valeurs mobilières est absolue. Elle s'applique, avons-nous dit, aux valeurs les plus minimes. L'article 12 abroge en effet les lois du 24 mars 1806 et le décret du 25 septembre 1813. Il en résulte qu'il n'y a plus aucune distinction à faire entre les inscriptions de rente sur l'État au-dessus et au-dessous de 50 francs. Il n'y a plus lieu d'examiner pour les valeurs de la Banque de France si le mineur émancipé possède plus d'une action ou plusieurs parts d'actions excédant une action entière. Toutes ces valeurs tombent sous le coup de la loi.

Le conseil de famille est juge de l'opportunité de l'aliénation. Il apprécie le montant de la valeur à aliéner pour savoir s'il y a lieu ou non à homologation, et il le fait d'après les données qu'il possède. Il a d'ailleurs toute latitude à cet égard, pourvu qu'il la fasse de bonne foi.

Si la délibération était frauduleuse, elle ne lierait pas les agents de change ; le mineur émancipé pourrait se pourvoir contre cette délibération devant le tribunal. Enfin le conseil de famille prescrit les mesures qu'il juge utiles, en autorisant l'aliénation. La loi a renoncé à imposer un mode d'aliénation spécial pour l'aliénation de diverses valeurs. Elle en a cependant prescrit pour quelques-unes.

Le tribunal a une double mission d'après la loi de 1880 : il doit homologuer les délibérations du conseil de famille « lorsque la valeur des meubles incorporels à aliéner dépassera, d'après l'appréciation du conseil de famille, 1.500 francs en capital » (art. 2) ; il juge des recours formés contre les délibérations du conseil.

L'homologation consiste dans une décision simplement gracieuse rendue en Chambre du Conseil, le ministère public entendu (art. 2). Le tribunal ne saurait se substituer au conseil de famille et modifier l'objet de la demande. Il doit simplement accepter ou rejeter la délibération. Il pourrait cependant prescrire certaines mesures accessoires pour modifier l'emploi ou la garantie des capitaux provenant de la vente (Cass., 9 fév. 1863, S. 63.1.113). Toutes les délibérations du conseil de famille sont susceptibles de recours, pourvu qu'elles n'aient pas été unanimes (art. 883, C. civ.). La loi de 1880 n'a pas modifié la législation antérieure à cet égard. Ce recours peut être formé par le curateur ou par les membres dissidents du conseil contre ceux qui ont été d'avis de la délibération. Un autre recours peut être exercé pour vice de forme soit à raison de l'incompétence du conseil, soit pour l'irrégularité de sa composition (art. 882 et 888, C. pr. civ.).

« Dans tous les cas, termine l'article 2, le jugement rendu sera en dernier ressort. » C'est une innovation importante en même temps qu'une dérogation formelle à l'article 889 du Code de procédure civile aux termes duquel « les jugements rendus sur délibération du conseil de famille sont sujets à l'appel ». C'est une raison d'économie dans l'intérêt des mineurs qui a fait édicter cette mesure.

La loi a prescrit des modes spéciaux d'aliénation dans quelques cas :

Celle des valeurs « négociables à la Bourse » doit être opérée par le ministère d'un agent de change « au cours moyen du jour « (art. 3). Les termes de la loi sont assez larges pour comprendre, outre les valeurs cotées officiellement, celles qui sont susceptibles de l'être.

La circulaire adressée par le Garde des sceaux à ses procureurs généraux le 20 mai 1880 a prescrit en second lieu des formalités particulières pour les cessions d'offices ministériels. Il a été décidé que ces cessions seraient faites à l'amiable. Le traité en fixant le prix doit être approuvé par le conseil de famille avec homologation du tribunal. La jurisprudence est assez divisée sur ce point

(Bordeaux, 30 mai 1840, S. 40.2.267; Paris, 19 déc. 1890, *Pandectes françaises*, 91.2.233).

Le législateur de 1880 n'a pas pris d'autres dispositions, et cependant c'eût été fort utile en certains cas, notamment pour la cession des fonds de commerce.

La loi du 27 février 1880 concerne les créances et les rentes sur particuliers, avons-nous dit. Elle devra donc recevoir son application pour une opération très fréquente et très importante : la cession de créance. Le mineur émancipé au cours de la tutelle devra donc être muni de l'autorisation du conseil de famille pour céder une créance quelconque, même minime. L'homologation du tribunal deviendra nécessaire pour une créance supérieure en capital à 1.500 francs.

Venons aux quelques cas spéciaux que nous avons signalés où l'application de la loi de 1880 doit être écartée ou tempérée par d'autres dispositions :

Tout d'abord la loi ne régit pas les valeurs indivises sans attribution de parts entre majeurs et mineurs. Le conseil de famille n'a pas qualité pour autoriser la vente de ces valeurs, tant qu'elles ne sont pas échues au mineur émancipé par l'effet d'un partage régulier. En attribuant compétence au conseil de famille, on se mettrait en contradiction avec les règles du Code civil relatives au partage (Circulaire du Garde des sceaux du 20 mai 1880). Tout partage, dans lequel est intéressé un mineur même émancipé, ne peut avoir lieu que suivant les formes déterminées par les articles 838 et suivants du Code civil et 976 et suivants du Code de procédure civile. Or la loi de 1880 est venue compléter et non faire échec à ces dispositions qu'elle n'a pas abrogées, ni modifiées. Il serait bien singulier que son application mal entendue privât le mineur émancipé de certaines formes protectrices. Les tribunaux devront refuser d'homologuer la délibération du conseil de famille obtenue avant tout partage (Trib. Seine, 23 juin 1880, S. 80.2. 269). Les sociétés de crédit refuseront valablement d'opérer le transfert des titres (Trib. Seine, 7 décembre 1883, Supplément au Dalloz, v° *Minorité*, n° 519 en note et S. 84.2.23). Les circonstances et conditions de la vente peuvent d'ailleurs influer sur les décisions des tribunaux. S'il est bien évident que l'aliénation n'est pas autorisée par le conseil de famille dans le but de tourner les dispositions du Code civil relatives au partage, l'homologation pourra être accordée (Civ. cass., 15 juil. 1890, D. 90.1.361, P. 91.1.11 et la note de M. Ch. Lyon-Caen).

La loi ne s'applique pas non plus dans le cas où la demande en partage a été formée contre le mineur émancipé par les cohéritiers majeurs ; ce dernier peut répondre à cette action avec la seule assistance du curateur.

Si le partage comporte des transferts ou l'aliénation de valeurs indivises à titre de licitation, il n'y aura pas non plus besoin du conseil de famille. La loi de 1880 ne vise en effet que les aliénations volontaires.

Quand les valeurs mobilières, que le mineur émancipé se propose d'aliéner, dépendent d'une succession, il s'élève un conflit entre les règles de la curatelle et celles du bénéfice d'inventaire. Un mineur, même émancipé, ne peut en effet accepter une succession quelconque que sous bénéfice d'inventaire (art. 461 et 776, C. civ.). L'article 796 du Code civil prescrit à l'héritier bénéficiaire l'autorisation de justice pour vendre les meubles sujets à dépérissement. Un avis du Conseil d'État du 11 janvier 1808 a, depuis le Code civil, prescrit en outre à tout héritier bénéficiaire de se munir de l'autorisation de justice pour vendre les rentes sur l'État supérieures à 50 fr. Or, la loi de 1880 a abrogé les distinctions faites antérieurement entre les rentes sur l'État et les autres valeurs mobilières. Elle n'exige pour la vente de toutes valeurs mobilières, que l'autorisation du conseil de famille jusqu'à la somme de 1.500 francs en capital. Au-dessus seulement la délibération doit être homologuée. Il y a lieu de se demander si les règles de la curatelle modifiées par la loi de 1880 doivent être ici observées à l'exclusion des règles sur le bénéfice d'inventaire, ou bien s'il faut les combiner ensemble pour les compléter les unes par les autres.

Si l'on décide d'adopter la dernière solution il faut reconnaître que le mineur émancipé au cours de la tutelle devra se pourvoir de l'autorisation de justice, en outre de celle du conseil de famille, pour aliéner les valeurs mobilières héréditaires, même si ces valeurs représentent un capital inférieur à 1.500 francs. L'autorisation du conseil de famille lui suffira pour aliéner des rentes sur l'État inférieures à 50 francs. La Cour de cassation avait adopté l'idée de la combinaison dans un arrêt du 4 avril 1881 (D. P. 1881.1.241) en décidant que la loi de 1880 n'a pas détruit en principe l'autorité de l'avis du Conseil d'État de 1808 et qu'il fallait à l'héritier bénéficiaire majeur une autorisation de justice pour pouvoir aliéner les rentes sur l'État dépendant de la succession. Mais elle en avait fait une application contestable, en décidant que cette autorisation devait être demandée, quelque minime que soit la valeur de la rente et même au-dessous de 50 francs. Il ressortait de cet arrêt que l'héritier bénéficiaire mineur, et par conséquent l'émancipé, devait obtenir l'autorisation de justice pour aliéner les valeurs dépendant d'une succession. Mais la Cour de cassation en a décidé autrement et, par une distinction étrange, elle a restreint à l'héritier bénéficiaire majeur l'application du principe posé dans l'arrêt du 4 avril.

Elle a jugé dans un arrêt du 13 août 1883 (Civ. rej., S. 1884.1.177 et la note), que le mineur émancipé par le mariage n'est point tenu de demander l'autorisation du tribunal pour aliéner les meubles incorporels et spécialement les rentes sur l'État qui lui appartiennent à titre d'héritier bénéficiaire. L'assistance de son curateur lui suffit. Si l'on adopte cette solution de la Cour de cassation qui représente le premier système, il faudra décider, contrairement à ce que nous avons dit plus haut, que l'autorisation du conseil de famille suffit au mineur émancipé au cours de la tutelle, pour aliéner les valeurs mobilières héréditaires au-dessous de 1.500 francs. Si les valeurs sont supérieures à 1.500 francs l'autorisation du conseil de famille devra être homologuée du tribunal, comme le veut la loi de 1880. Cette décision est basée sur deux motifs principaux :

La loi de 1880 (art. 4, § 2), a dit la Cour, ne fait aucune distinction entre les valeurs mobilières qui proviennent au mineur d'une succession bénéficiaire et celles qui lui appartiennent à un autre titre. Les lois sur la tutelle et la curatelle forment un ensemble de garanties qui se suffit à lui-même ; on ne pourrait les compléter ou les modifier en y ajoutant ou substituant celles qui régissent le bénéfice d'inventaire qu'à raison de la volonté clairement manifestée du législateur.

D'autre part, l'avis du Conseil d'État du 11 janvier 1808 ne concerne que l'acceptation bénéficiaire volontaire. Il vise uniquement les héritiers bénéficiaires qui sont des administrateurs comptables, et ne saurait s'appliquer par conséquent aux mineurs et aux interdits au nom desquels la succession a été acceptée bénéficiairement. La situation légale de ces derniers reste fixée dans les lois qui leur sont propres.

La solution de la Cour a été vivement critiquée par M. Lyon-Caen qui la réfute dans une excellente note. Suivant l'éminent auteur, la Chambre civile introduit une distinction arbitraire entre le bénéfice d'inventaire volontaire et le bénéfice forcé. Le Code civil ne contient aucune trace de cette distinction. Il n'y a qu'un seul bénéfice d'inventaire, tantôt volontaire et tantôt forcé, mais toujours soumis en principe aux mêmes lois. Cela est si vrai que les mêmes règles sont appliquées à l'un et à l'autre cas comme par exemple l'article 2146 du Code civil qui prohibe toute inscription d'hypothèque ou de privilège sur les immeubles d'une succession acceptée bénéficiairement. D'autre part l'acceptation bénéficiaire forcée n'est pas l'apanage seulement des mineurs et des interdits. Elle s'impose encore aux héritiers d'un successible mort sans avoir pris parti lorsqu'ils ne sont pas d'accord sur le parti à prendre (art. 781 et 782, C. civ.). En pareil cas l'aliénation des valeurs mobilières est entièrement soumise à l'avis de justice. Cela prouve bien que la distinction faite par la Chambre civile n'est pas exacte. Quelle raison y aurait-il de décider autrement pour les incapables ? S'il existe certaines différences entre la situation juridique de l'héritier bénéficiaire majeur et de l'héritier bénéficiaire mineur, c'est qu'elles résultent ou d'un texte de loi formel (C. pr., art. 988 et C. civ., 461) ou des principes généraux du droit; or la différence qu'on veut établir ici entre ces deux catégories d'héritier quant à l'aliénation des valeurs mobilières n'est fondée ni sur un texte, ni sur les principes généraux.

D'abord, l'article 4 de la loi de 1880 qu'invoque la Cour de cassation, ne distingue pas, il est vrai, entre les valeurs mobilières échues à un émancipé par succession et celles qui ont une autre provenance, mais cette constatation ne prouve rien, car cet article s'occupe uniquement des restrictions mises par la minorité à l'aliénation des valeurs mobilières. Il n'a pas envisagé l'hypothèse où l'émancipé réunirait à sa qualité de mineur celle d'héritier bénéficiaire. En pareil cas, la première des qualités ne saurait absorber l'autre.

Les précautions et les entraves qui dérivent de l'état de minorité pour l'aliénation des biens pupillaires ne font pas double emploi avec les garanties analogues qu'impose le Code civil à l'administrateur des biens d'une succession bénéficiaire. Elles se complètent les unes par les autres et l'émancipé devenu héritier bénéficiaire subit sous ce rapport une double restriction : en qualité de mineur, il ne peut aliéner les valeurs mobilières de la succession que dans les conditions exigées par la loi de 1880 ; en qualité d'héritier bénéficiaire, il doit obtenir en outre et en tous cas l'autorisation de justice. Il y a une raison juridique de décider ainsi : c'est que la loi restreint la capacité de l'héritier bénéficiaire dans l'intérêt des créanciers de la succession, car ils n'ont pour gage que les biens héréditaires et non pas ceux de l'héritier. Il est donc juste que ces biens soient administrés de la façon la plus avantageuse pour eux, et cela que l'héritier soit majeur ou mineur. L'intervention de la justice est nécessaire à cette fin.

Nous souhaitons avec M. Lyon-Caen que la Cour de cassation revienne sur cette décision. Le système qui combine à la fois les règles de la curatelle et celles du bénéfice d'inventaire est le seul juridique.

Nous n'entendons pas toutefois obliger le mineur émancipé à demander au tribunal une autorisation proprement dite dans les formes de celle que prescrit l'article 796 du Code civil. L'homologation de la délibération du conseil de famille peut être regardée comme suffisante. Le tribunal « statuera en la Chambre du conseil, le ministère public entendu » comme cela se fait pour les ventes d'immeubles.

Telles sont les seules dispositions de la loi de 1880 auxquelles renvoie l'article 4 en ce qui concerne les mineurs émancipés au cours de la tutelle. Mais il y a dans la loi deux autres dispositions capitales destinées à assurer l'exécution de la première : l'article 10 et l'article 5. L'article 10 assimile à une aliénation la conversion des titres nominatifs en titres au porteur et la soumet « aux mêmes conditions et formalités que l'aliénation de ces titres ». L'article 5 impose au tuteur l'obligation de convertir en titres nominatifs les titres au porteur appartenant au mineur ou qui lui adviennent au cours de la tutelle. Ces deux mesures ont eu pour but de parer aux dangers résultant pour les mineurs de la jurisprudence antérieure à la loi. Nous avons vu que cette jurisprudence maintes fois affirmée, notamment par l'arrêt de Cassation du 4 août 1873, regardait la conversion des titres nominatifs comme un simple acte d'administration, ce en quoi elle commettait une grave erreur. En présence de cette jurisprudence, si l'on s'était borné aux premières dispositions,les prescriptions de la loi seraient restées lettre morte, car les titres au porteur y échappent facilement par la facilité et la rapidité de leur transmission qui peut s'accomplir de la main à la main sans aucun contrôle.

L'article 4 ne renvoie pas à ces deux dispositions. Doit-on les déclarer applicables aux mineurs émancipés au cours de la tutelle. La question est importante, car si l'on repousse l'application de l'article 10, il faut reconnaître à l'émancipé la faculté d'opérer seul les conversions ; si l'on admet la négative pour l'article 5, la conservation des titres au porteur ne sera aucunement garantie au patrimoine de l'émancipé.

Il ne faut pas hésiter à appliquer l'article 10 aux émancipés que concerne la loi. Ils sont certainement compris parmi ceux que le législateur a eu pour but de protéger, comme l'attestent les travaux préparatoires et la généralité des termes de l'article 10.

Quant à la seconde mesure il y a controverse, mais on adopte généralement la négative. Quelques auteurs ont seuls adopté l'affirmative, notamment M. Huc (tome 3, nº 407). Les termes précis de l'article 5 ne permettent pas de conclure qu'il soit applicable aux émancipés. Peut-être y a-t-il là un oubli du législateur. Peut-être a-t-il pensé, et on a donné cela comme raison, que les émancipés de cette catégorie auraient rarement des titres au porteur, car leur tuteur aurait déjà opéré le transfert. Mais il se peut qu'après l'émancipation, des titres au porteur adviennent au mineur par succession ou autrement. Dans la plupart des cas l'article 482 du Code civil fournira, a-t-on ajouté, un moyen pour empêcher l'émancipé d'aliéner ces titres par une simple tradition.

L'assistance du curateur devra être exigée pour que l'émancipé reçoive des titres au porteur soit du tuteur, après la reddition du compte de tutelle, soit de l'héritier débiteur d'un legs, soit enfin d'un copartageant. Mais la lacune sera véritable lorsque l'émancipé se trouvera nanti de titres au porteur dépendant d'une succession, en qualité d'héritier ou de légataire universel saisi. La négociation irrégulière des titres au porteur n'aura alors d'autre barrière que par la responsabilité des ntermédiaires qui s'y seront prêtés.

On a fait observer en dernier lieu (Huc, t. 3, § 490), qu'une pareille injonction eût été parfaitement inutile, si elle se fût adressée aux émancipés, car elle eût été dépourvue de toute sanction efficace. Cette observation met encore mieux en relief la lacune considérable de la loi. Rien n'était plus facile que de charger le curateur de prendre cette mesure.

L'obligation imposée au tuteur par l'article 6 de faire emploi des capitaux n'est pas non plus applicable aux émancipés; mais sous ce rapport la législation antérieure suffisait (art. 482 *in fine*).

SECTION III. — **Situation juridique des mineurs émancipés non soumis à la loi de 1880.**

Nous savons que la loi du 27 février 1800 ne concerne pas tous les mineurs émancipés. Elle exclut de ses dispositions :

*a*) Les mineurs émancipés par leur mariage (art. 4 *in fine*). Ils peuvent donc aliéner leurs meubles incorporels avec la seule assistance du curateur sous réserve de la législation relative à la femme mariée et des stipulations du contrat de mariage. Le service des transferts n'a plus à demander, comme il le faisait auparavant, la délibération du conseil de famille lorsque la femme mineure est munie de l'autorisation maritale (circulaire du directeur de la dette inscrite). Nous avons énuméré les raisons qu'on a fournies de cette première exception : la situation du mineur marié mérite une faveur spéciale ; c'est généralement la femme mariée qui est mineure ; or son contrat de mariage et l'autorisation maritale protégeront suffisamment sa fortune mobilière. Ces raisons, surtout la dernière, ne sont pas toujours exactes, parce qu'elles ne s'appliquent pas à toutes les hypothèses. Nous ne nous attarderons pas à les réfuter plus longuement, mais nous constaterons que l'absence des garanties nouvelles pourra préjudicier parfois aux mineurs mariés.

*b*) Les mineurs émancipés autrement qu'au cours de la tutelle, c'est-à-dire en général les mineurs émancipés pendant le mariage de leurs père et mère, pourvu que la tutelle n'ait pas été encore ouverte. La loi ne les exclut pas formellement, mais leur situation a été nettement indiquée lors de la discussion au Sénat. La circulaire du garde des sceaux du 20 mai 1880 ne laisse aucun doute sur ce point. « Le mineur émancipé, en dehors du cas de tutelle, c'est-à-dire par le père du vivant de la mère, se trouve, relativement au droit d'aliéner, dans une situation identique à celle du mineur émancipé par le mariage. » Pareille affirmation est faite au sujet des transferts dans la circulaire adressée le 10 mars 1880 aux trésoriers-payeurs généraux par le Directeur de la dette inscrite sur l'exécution de la loi de 1880, en ce qui touche les rentes sur l'État. Notons toutefois que rien ne permettant de déroger ici aux dispositions du Code civil, l'article 482 s'appliquerait si le mineur émancipé voulait toucher le prix de la négociation.

La raison qu'on a donnée de cette seconde exception : que le mineur émancipé au cours du mariage de ses parents n'était pas à proprement parler en curatelle, mais bien sous la surveillance et l'autorité paternelles, et que l'amour de ses parents lui assurait une protection spéciale, peut être acceptée dans l'hypothèse où les parents vivront jusqu'à la majorité de l'enfant. Mais il peut ne pas en être ainsi : Que l'un des parents ou tous les deux viennent à disparaître avant cette époque, comme cela arrive trop fréquemment, et l'enfant se trouvera sans protection sous certains rapports. Il en sera ainsi notamment quand le mineur émancipé, devenu tout à coup orphelin et appelé à recueillir la succession de ses parents, hérite d'une fortune principalement mobilière. Il se trouve aujourd'hui des fortunes considérables, presque uniquement composées de valeurs mobilières ou de meubles incorporels. Le mineur émancipé pourra en disposer à peu près librement, et les dissiper malgré l'assistance du curateur. Il n'y avait donc plus aucune raison de distinguer entre le cas dont nous nous occupons et celui où l'émancipation a eu lieu au cours de la tutelle. Il y a donc de ce chef une grave lacune dans la loi.

D'ailleurs même en admettant que les parents vivent jusqu'à la majorité du mineur, la distinction apportée entre les diverses catégories de mineurs émancipés, quant aux conséquences de l'émancipation, est contraire aux règles du Code civil où il n'en est fait aucune.

Puisque la loi de 1880 ne s'applique pas aux deux catégories précédentes de mineurs émancipés, quelle est au juste leur situation juridique quant à l'aliénation de leurs valeurs mobilières ?

Ils restent sous l'empire du droit commun antérieur à la loi de 1880 sauf toutefois qu'ils ne sont plus soumis aux restrictions apportées par la loi du 24 mars 1806 et par le décret du 23 septembre 1813. Ces deux textes ont été, comme nous le savons, formellement abrogés par l'article 12. Ce qui a eu pour résultat d'étendre encore la capacité qu'avaient, avant la loi de 1880, les émancipés dont nous nous occupons. Ils peuvent depuis lors, avec la seule assistance de leur curateur, aliéner leurs meubles incorporels de quelque nature et de quelque valeur qu'ils soient. L'autorisation du conseil de famille est désormais inutile à l'émancipé pour ces aliénations. La circulaire du Garde des sceaux du 20 mai 1880 le dit expressément ; de même la circulaire du Directeur de la dette inscrite du 10 mars 1880 décide que le service des transferts devra se contenter de l'assistance du curateur aussi bien pour la conversion au porteur que pour l'aliénation. C'est en vain que le Trésor a voulu considérer comme toujours en vigueur les anciennes dispositions législatives pour les émancipés auxquels ne s'appliquait pas la loi. Cette exigence n'était pas justifiée et a été condamnée par la pratique. Après avoir exigé dans quelques arrêts l'autorisation du conseil de famille (Lille, 6 août 1881, S. 84.1.23), la jurisprudence s'est rangée à l'avis général (Dunkerque, 24 nov. 1881, S. 84. 2.23 ; Cass., 13 août 1883 précité) en ce qui concerne le mineur émancipé par le mariage.

Reste à savoir si l'on ne doit pas appliquer l'article 9 de l'ordonnance de 1831 et le décret du 18 juin 1864 (art. 9). pour la conversion des rentes sur l'État.

Aux termes de ces dispositions la conversion des titres de rente appartenant aux incapables ne devait pas être acceptée par le Trésor public. Comme elles n'ont point été l'objet d'une abrogation expresse, dans la loi de 1880, on a prétendu qu'elles étaient toujours applicables aux mineurs émancipés par le mariage ou antérieurement à l'ouverture de la tutelle.

« Cette disposition n'est pas formellement abrogée, a dit le Garde des sceaux dans sa circulaire du 20 mai 1880; elle est remplacée par la loi nouvelle pour les mineurs auxquels s'applique cette loi ; mais on ne peut la considérer, au regard des mineurs émancipés par le mariage et de ceux qui n'étaient pas en tutelle, comme contraire au texte de la loi de 1880... » Et le ministre des Finances a ajouté le 10 mars 1880 : « En résumé, l'ordonnance du 29 avril 1831 et le décret du 18 juin 1864 (art. 1er) restent en vigueur. » Ces conclusions sont contestables. Il semble difficile de retirer le droit de convertir une rente sur l'État à des mineurs qui peuvent aliéner ces mêmes rentes avec la seule assistance de leur curateur. C'est maintenir entre la conversion des diverses valeurs mobilières une distinction contraire à l'esprit de la loi de 1880. A ces divers points de vue, l'ordonnance de 1831 et le décret de 1864 sont, à notre avis, en opposition avec la loi nouvelle où la conversion est assimilée pour tous titres à l'aliénation. Ces mesures se trouvent donc comprises dans la formule générale d'abrogation de l'article 12 *in fine*.

Quant à la conversion des valeurs mobilières autres que les rentes sur l'État, elles restent soumises à l'application de la loi du 8 juin 1857 (art. 8). Comme la jurisprudence interprète cette disposition en considérant la conversion comme un simple acte d'administration, elle sera donc exercée librement sans aucune autorisation par nos deux catégories d'émancipés.

Les mineurs émancipés autrement qu'au cours de la tutelle pourront enfin comme auparavant céder leurs créances avec la seule assistance de leur curateur, conformément à l'article 482 du Code civil. Bien plus, on a soutenu, avant la loi de 1880, que le mineur émancipé pouvait valablement faire cession d'une créance avec la seule assistance de son curateur, même lorsque cette créance était garantie par une hypothèque ; l'autorisation du conseil de famille n'était même pas alors nécessaire (Cass., 13 janvier 1840, D. 1840.1.92). Mais on est aujourd'hui revenu là-dessus.

Mais revenons à la cession d'une créance pure et simple. Pour que le mineur émancipé autrement qu'au cours de la tutelle puisse l'opérer avec la seule assistance de son curateur, il faut que l'on se trouve en présence d'une cession de créance véritable et non pas d'une autre opération. Le moule de la cession de créance se prête en effet facilement à une série d'opérations juridiques fort éloignées de cette dernière. Il peut arriver que les parties se soient trompées involontairement sur la nature de l'acte. Il est à craindre, et c'est le cas le plus fréquent, que les parties ne dissimulent volontairement sous l'aspect d'un transport une opération sujette, vis-à-vis du mineur émancipé, à toutes les formalités de la tutelle.

Le plus souvent ce sera un nantissement, parfois même une transaction (Cass., 2 janv. 1839, au *Rép.*, D. V° *Vente*, n° 1688 en note).

Aussi est-il essentiel de déterminer avec soin le caractère véritable de l'acte qui se présente sous l'aspect de la cession de créance.

Il appartient alors aux tribunaux de décider quel est ce caractère, en s'attachant aux clauses de la cession, et de prescrire les formalités voulues. Ils ont maintes fois rempli cette tâche (Req., 19 juin 1850, D. P. 1850.1.308 et S. 51.1.128 ; Civ. rej., 28 juill. 1868, D. 68.1.403; Req., 4 févr. 1868, S. 1868.1.441 et Cass., 24 décembre 1892, *Rec. ar. Rouen*, 1893.1.107).

Les deux premiers de ces arrêts ont statué sur des cas où il y avait un nantissement. Dans les espèces qu'ils nous présentent l'emprunt n'avait même pas été dissimulé et le transport était consenti pour sûreté de la dette du cédant envers le cessionnaire qui avait fourni les deniers. De plus le mineur émancipé ne s'était pas dessaisi de la créance transportée. C'était donc bien un véritable nantissement. Dans l'arrêt de 1892, la Cour de cassation a considéré comme un emprunt la cession faite par l'émancipé d'une créance exigible à une époque antérieure à la date de l'émancipation,quoique l'acte de reconnaissance de la dette eût été consenti postérieurement à cette date. La cession, ajoute la Cour, aurait dû être précédée des formalités prescrites par l'article 483.

La Cour rendait en conséquence responsable de la nullité encourue le notaire qui avait prêté son ministère à l'acte.

Dans l'espèce soumise à la Cour de cassation le 4 février 1868, la cession avait eu lieu avec l'assistance du curateur moyennant une somme égale au montant de la créance cédée ; cette somme avait été versée en partie avant l'acte de cession ; enfin le cédant avait garanti la solvabilité du débiteur cédé et s'était obligé à payer lui-même le cessionnaire dans le cas où le débiteur cédé, auquel le transport n'était pas signifié, se libérerait entre ses mains. La Cour considéra néanmoins l'acte comme constituant un véritable transport et non comme un emprunt avec nantissement soumis aux formalités prescrites par l'article 483 du Code civil. Elle le déclara validement accompli avec la seule assistance du curateur. Et, en effet, il s'agissait bien, si l'on y regarde de près, d'un transport de créance opérant le dessaisissement complet de l'émancipé cédant. Dès lors aucune des clauses de l'acte ne suffisait à elle seule à faire considérer le transport comme un nantissement.

L'arrêt n'a pas tranché la question de savoir si l'émancipé capable d'accomplir une cession-transport avec la seule assistance de son curateur, pourrait garantir la solvabilité actuelle et future du débiteur cédé, sans observer en outre les formes prescrites par les articles 483 et 484 du Code civil.

On pourrait soutenir, à l'appui de l'affirmative que la stipulation dont il s'agit est l'accessoire du transport et ne saurait être soumise à des conditions d'habilitation plus rigoureuses que celles applicables au transport lui-même. Mais cette solution serait erronée. Il est certain que cette clause sort des conditions habituelles du transport.

Elle en aggrave les effets au préjudice de l'émancipé et constitue un véritable cautionnement. Or l'émancipé ne peut consentir un cautionnement avec la seule assistance de son curateur. Il faut donc reconnaître que la stipulation dont on s'occupe est assujettie à peine de nullité aux formes de l'article 484 du Code civil. L'émancipé reste, du moins tenu : 1° de la garantie de l'existence légale du transport ; 2° de ses faits personnels suivant le droit commun. Aussi l'arrêt a-t-il décidé qu'en tout cas l'émancipé doit tenir compte au cessionnaire du montant de la créance cédée, si le cédé s'était libéré entre ses mains faute d'une signification de transport. Le mineur ne peut jamais s'enrichir aux dépens d'autrui.

Telle est la situation faite aux mineurs émancipés des diverses catégories par la loi du 27 février 1880 pour l'aliénation de leur fortune mobilière et de leurs meubles incorporels. Cette loi est-elle satisfaisante de tous points, c'est ce que nous allons examiner dans la section suivante.

## SECTION IV. — **Critique de la loi dans ses applications aux mineurs émancipés.**

Si l'intention qui a présidé à la discussion et au vote de la loi du 27 février 1880 est louable, il faut reconnaître que l'œuvre est loin d'être satisfaisante. Son application est des plus difficiles et a fait surgir d'innombrables controverses. C'est que, en effet, déjà compliquée en ce qui concerne les mineurs ordinaires, la loi devient douteuse pour les émancipés. A cet égard, la disposition de l'article 4 est plus embarrassante qu'utile. Il aurait beaucoup mieux valu assimiler simplement les émancipés aux tuteurs, comme l'avait fait le projet primitif du gouvernement ou garder le silence sur l'étendue de la loi. La loi se serait ainsi appliquée en bloc aux émancipés avec ses avantages et ses inconvénients, mais on aurait évité ainsi bien des controverses. Le législateur crut utile de distinguer plusieurs catégories d'émancipés sous prétexte que les uns méritaient plus de faveur que les autres à cause de leur situation spéciale. Cette distinction était d'abord, comme nous l'avons dit, contraire à l'esprit du Code civil. En second lieu elle brisait l'unité de la législation d'une façon fâcheuse.

Enfin les raisons qu'on a fournies sont contestables et même quand elles existent, elles sont loin d'être absolues :

Ainsi nous avons vu que le mineur émancipé du jour du mariage de ses père et mère pouvait devenir orphelin et restait cependant en dehors de l'application de la loi de 1888. C'est une grave lacune.

Quant au mineur émancipé à la suite du mariage, les motifs allégués n'étaient pas assez généraux pour le priver de la protection légale. Nous avons vu comment la loi de 1880, en excluant ces deux catégories d'émancipés de ses dispositions, les avait placés dans une situation très critique, grâce à l'abrogation de certaines mesures ultérieures. Est-il besoin de rappeler combien l'accord s'est fait difficilement sur leur capacité exacte. Il nous suffira de reproduire ici le mot d'un des commentateurs de la loi de 1880 qui se demandait avec quelles formalités l'émancipé par le mariage pouvait vendre ses valeurs mobilières et déclarait la question *insoluble* (Michot, *Comment. de la loi;* sur l'art. 4).

Nous avons encore à regretter, comme nous l'avons vu, le doute qui règne sur l'application de certaines dispositions à ceux que concerne directement la loi.

N'est-ce pas un indice d'une rédaction obscure que les innombrables circulaires lancées par les ministres aux agents des administrations.

Nous pourrions en dire autant des variations brusques de la jurisprudence.

Mais ce sont là presque des critiques de détail. Il y a des reproches plus graves à adresser au législateur de 1880 : c'est la lenteur inévitable et la complication des mesures prescrites pour l'aliénation des valeurs de Bourse. Il en résulte un danger très sérieux pour la fortune des incapables, qui peuvent se trouver désarmés devant une banqueroute financière. De subites dépréciations peuvent survenir dans le cours de certaines valeurs et s'accentuer rapidement, comme l'ont prouvé certains événements récents. Dans ces circonstances, la réalisation immédiate des titres s'impose, avant leur anéantissement complet. Le temps exigé par la réunion d'un conseil de famille, surtout par une homologation de tribunal, s'opposera d'une façon matérielle et absolue à cette opération de sauvetage, et les incapables se trouveront en perte par l'effet même des mesures destinées à les protéger. C'est ce qui est arrivé parfois.

Cette leçon de l'expérience commence à produire son effet dans quelques législations étrangères.

C'est ainsi qu'en Alsace-Lorraine la loi du 16 juin 1887, destinée à modifier dans un sens analogue à la loi du 27 février 1880, le Code civil français qui y était resté en vigueur après l'annexion, ne tombe pas sous le coup du même reproche. A tort ou à raison cette loi laisse d'abord les émancipés en dehors de son application. Il en résulte plus d'unité dans la législation. Mais en ce qui concerne les mineurs, ses dispositions se rapprochent beaucoup des nôtres. Voici comment on a remédié à l'inconvénient de formalités trop compliquées : en cas d'urgence, il appartient au juge du bailliage de donner l'autorisation d'aliéner (art. 6) et cette autorisation n'est pas sujette à appel. En outre, on ne peut jamais attaquer l'opération dans la suite sous prétexte qu'il n'y avait pas urgence. Cet exemple mérite d'être suivi dans notre droit ; les juges de paix pourraient autoriser les aliénations urgentes. Si l'on trouve cette garantie insuffisante, qu'on puisse recourir à une ordonnance de référé. La responsabilité des tuteurs et curateurs, la prudence des magistrats suffiraient, semble-t-il en ces matières, pour assurer aux incapables une protection suffisante. Il est donc à souhaiter qu'une réforme législative soit opérée dans ce sens.

Plusieurs autres législations ont pris en ce qui concerne la fortune mobilière des mineurs et des émancipés des mesures de protection légale semblables aux nôtres. Le placement et le dépôt des valeurs mobilières a été organisé en Bavière par une loi du 26 avril 1888. Dans le Grand-Duché de Hesse, une loi du 18 juin 1887 a imposé aux tuteurs et curateurs l'obligation de faire emploi de l'excédent des revenus sur la dépense.

En Hongrie la loi XX de 1877 prescrit aussi certaines mesures pour le placement des fonds appartenant aux pupilles.

Enfin la loi néerlandaise du 4 juillet 1874 est venue remédier à une situation dangereuse dans laquelle se trouvaient les mineurs émancipés commerçants. Ces mineurs pouvaient librement aliéner leurs valeurs mobilières et même leurs rentes sur l'État, d'après le Code civil néerlandais. La loi de 1874 a prohibé l'aliénation, l'hypothèque ou la mise en gage de ces valeurs.

## DE L'ASSISTANCE DU CURATEUR EN UN CAS SPÉCIAL.

Lorsque le mineur émancipé se trouve soumis pour l'accomplissement d'un acte aux mêmes formalités qu'un mineur en tutelle,c'est-à-dire à l'autorisation du conseil de famille avec ou sans l'homologation du tribunal, l'assistance du curateur doit-elle être en outre exigée? Devient-elle au contraire inutile et superflue, auquel cas l'émancipé pourrait agir seul une fois remplies les formalités précédentes.

Cette question a divisé les auteurs.

D'excellents esprits tels que MM. Aubry et Rau et Laurent enseignent que l'assistance du curateur n'est pas requise. L'article 484 alinéa 1 inséré au Code civil à la demande du Tribunat était en effet ainsi conçu primitivement : « Tous autres actes...qui ne seront pas de pure administration ne pourront être faits que sous l'assistance du curateur et suivant les formes prescrites au mineur non émancipé. » Lors de la discussion de cet article, le Tribunat supprima les mots « sous l'assistance du curateur ». Il résulte bien évidemment de ce retranchement que le législateur n'a pas entendu exiger cette assistance en pareil cas. Cette assistance serait d'ailleurs sans objet en présence de l'autorisation du conseil de famille, et, selon les cas, de l'homologation du tribunal. MM. Aubry et Rau font cependant exception pour le cas prévu par l'article 4 de la loi de 1880 où l'assistance est exigée d'une façon formelle en outre des autres formalités.

Nous croyons au contraire qu'il faut maintenir dans les actes très importants l'assistance du curateur, du moment qu'on l'exige pour les actes de moindre importance. Les autres précautions exigées par la loi la rendent peut-être moins indispensable, mais elles ne la rendent pas sans objet comme le prétendent Aubry et Rau. Il est au contraire certain que l'intervention d'un homme qui a des rapports fréquents avec le mineur émancipé ne peut être que très utile à ce dernier. La curatelle est, il ne faut pas l'oublier, une charge générale et permanente. Il est bien téméraire de soutenir que l'intention du législateur à cet égard se soit exclusivement manifestée par le retranchement de quelques mots faits, sans aucune explication, au projet du Tribunat (en ce sens Demolombe, t. 8, n° 325 *bis.* Demante et Colmet de Santerre, t. 2, n° 253 *bis*, VI).

La loi du 27 février 1880 est venue confirmer notre système et détruire partiellement la solution adverse, L'article 4 de la loi semble exiger l'assistance du curateur pour l'aliénation des meubles incorporels autorisés par le conseil de famille : « Le mineur émancipé au cours de la tutelle *même assisté de son curateur*, dit le texte, devra observer pour l'aliénation de ses meubles incorporels les formes ci-dessus prescrites à l'égard du mineur non émancipé. » Cela nous paraît décisif, et MM. Aubry et Rau l'ont si bien senti qu'en apportant pour notre cas, ce qui était bien forcé, une exception à leur règle générale, ils n'ont pas cherché la raison de la différence.

Ajoutons que la pratique est constante dans notre sens.

## DEUXIÈME PARTIE

### RÉDUCTION DE CERTAINS ENGAGEMENTS

Il ne suffisait pas au législateur d'entourer de formalités rigoureuses la formation des actes intéressant les mineurs émancipés. Leur protection n'eût été assurée que d'une façon incomplète. Il fallait édicter une sanction à l'inobservation des prescriptions légales, car on est trop souvent porté à les négliger. C'est ce qu'a fait le Code civil à l'égard des engagements irrégulièrement contractés, soit qu'ils manquent des formes voulues soit qu'ils causent un dommage au mineur. Le Code civil permet à tous les mineurs d'attaquer leurs engagements et de les anéantir par une action en nullité ou en rescision suivant les cas (art. 1304 et suiv.). Sous ce rapport les mineurs émancipés sont complètement assimilés aux mineurs ordinaires. Ils ont comme eux et dans des conditions identiques le privilège d'exercer ces deux actions. Nous n'avons point à en faire ici l'étude ni à entrer dans l'examen des divers systèmes auxquels a donné lieu l'application de ces deux actions. Ces systèmes ne présentent rien de spécial à la matière de l'émancipation et leur exposition appartient à une étude de la minorité. Qu'il nous suffise de rappeler en quelques mots les solutions du système qui tend à prévaloir aujourd'hui en doctrine et en jurisprudence.

Les actes qui excèdent la capacité du mineur émancipé, c'est-à-dire ceux qui exigent l'assistance du curateur ou l'autorisation du conseil de famille homologuée ou non, sont : les uns annulables pour vice de formes et par suite pour cause d'incapacité, les autres rescindables pour lésion (art. 130 et 131). Sont annulables pour vice de forme, et indépendamment de toute lésion, tous ceux pour lesquels la loi exige des conditions ou formalités spéciales dans l'intérêt de la minorité, lorsqu'elles n'ont pas été remplies. Ces formalités sont notamment l'autorisation du conseil de famille et l'homologation du tribunal, mais pas l'assistance du curateur (art. 483 et 484).

Sont simplement rescindables pour cause de lésion, et à condition d'en faire la preuve, les actes où l'assistance du curateur est à la fois nécessaire et suffisante, quand l'émancipé n'y a pas eu recours.

Quand ces deux catégories d'actes ont été faites avec les formalités ou moyennant l'assistance voulues, ils sont aussi valables que s'ils émanaient d'un majeur. Ils ne sauraient aucunement être attaqués par la voie de nos deux actions.

Telles sont, d'après le système en faveur, et appliquées aux émancipés, les mesures protectrices édictées par la loi pour garantir les mineurs en général, contre les conséquences d'actes irréguliers ou dolosifs. Nous approuvons complètement l'interprétation donnée par ce système aux textes régissant la matière. Elle est simple et logique.

Mais l'émancipé peut faire valablement seul les actes d'administration ; ils ne dépassent pas les bornes de sa capacité et l'article 481 dispose qu'il ne saurait être « restituable de ces actes dans tous les cas où un majeur ne le serait pas lui-même. Les actions précédentes sont ici refusées à l'émancipé (arg. art. 1305). Cependant le pouvoir d'administration conféré à l'émancipé présente certains dangers. Ce pouvoir lui permet, on le sait, de s'engager par voie d'achats à crédit, de locations, de marchés divers. Il se peut faire qu'il s'engage parfois d'une façon excessive, par simple imprudence ou par prodigalité, le plus souvent afin de déguiser un emprunt sous le couvert d'un achat à crédit. Le législateur a voulu le protéger contre l'inexpérience et les entraînements de son âge.

Il n'a pas voulu l'assimiler complètement au majeur et il a institué au profit de l'émancipé dans l'article 484 § 2 un bénéfice spécial : celui de l'action en réduction « *à l'égard des obligations qu'il aurait contractées par voie d'achats ou autrement, elles seront réductibles en cas d'excès.* » Le législateur protège ainsi l'émancipé jusque dans les limites de sa capacité restreinte.

Si les obligations précédentes ne sont ni annulables, ni rescindables pour cause de lésion, elles peuvent du moins être ramenées dans les sages limites que la prudence conseillait d'observer. Cela, remarquons-le bien, ne porte aucune atteinte au principe posé en l'article 481 sur la validité des actes de l'émancipé agissant seul : ils subsistent dans tous les cas, mais ils sont réductibles. La lésion qui l'atteint donne lieu en sa faveur non plus à rescision, mais à réduction.

Nous allons étudier dans deux chapitres quels sont les actes réductibles, quelles personnes peuvent exercer cette action et quelle en est la durée.

## CHAPITRE PREMIER

### DOMAINE ET CARACTÈRE DE L'ACTION EN RÉDUCTION (THÉORIE DES ACTES RÉDUCTIBLES).

Quels sont les actes réductibles ? On n'est pas d'accord sur la portée des termes de l'article 484, § 2 « *par voie d'achats ou autrement* ». La jurisprudence notamment est en opposition avec la doctrine la plus répandue et tend, comme nous le verrons bientôt, à donner à cet article une portée très générale.

La plupart des auteurs et nous sommes de cet avis, admettent que l'article 484 ne vise que les engagements excessifs pris par le mineur émancipé par *promesse* ou par *obligation* en traitant à crédit et qui le constituent en dépense. Il n'est d'ailleurs applicable qu'à ceux qui ont le caractère de simples actes d'administration. Les actes réductibles rentrent en eux-mêmes dans la capacité du mineur émancipé. Restreints dans de justes limites, ils eussent été parfaitement valables, et ils ne sont répréhensibles qu'à raison de leur excès.

Cela résulte assez clairement du texte même de l'article. En tout cas, la discussion qui eut lieu au Conseil d'État pendant les travaux préparatoires de la loi ne saurait laisser aucun doute sur ce point : l'article 85 du projet refusait à l'émancipé la faculté de s'engager par promesse ou obligation au delà du montant d'une année de son revenu, mais Cambacérès fit écarter avec raison cette disposition en observant qu'il était difficile aux fournisseurs de connaître le montant de cette somme. Ils n'auraient pu savoir surtout, si l'émancipé n'avait pas déjà traité avec d'autres pour des sommes plus ou moins fortes, et le crédit des mineurs aurait été ruiné. La disposition écartée fut remplacée par deux autres : La première prohibait l'emprunt à l'émancipé sans l'autorisation de la famille et devint l'article 483. La seconde visait les emprunts indirects contractés par le mineur émancipé dans l'administration de ses biens vis-à-vis de ces fournisseurs ou autres artisans. La prohibition absolue de traiter à crédit aurait entravé sa gestion jusqu'à la rendre impossible.

Cambacérès fit admettre la validité de ces derniers engagements, mais il proposa et obtint en même temps leur réductibilité en cas d'excès, en prenant comme base l'état et les facultés du mineur. Cette disposition devint l'article 484 qu'elle composait à elle seule. Mais à ce moment des travaux, le Tribunat crut utile de viser tous les cas, dans une formule générale et, sur sa proposition, on vota la règle qui forme aujourd'hui le § 1er de l'article 484. L'action en réduction fait l'objet du § 2 de ce même article, mais dans l'intention du législateur elle venait à la suite et formait le complément de l'article 481. Elle est destinée à protéger le mineur émancipé dans les actes où il est livré à lui-même c'est-à-dire dans les actes d'administration. En conséquence le mineur émancipé pourra s'engager librement dans tous les cas où l'article 484, § 2, le reconnaît capable, mais alors et dans ces cas seulement, ses engagements seront réductibles. Ainsi seront sujets à réduction : un achat fait par le mineur émancipé de denrées, de vêtements, de meubles ou objets de luxe à des prix exagérés, sans proportion avec sa fortune ; la location de locaux inutiles ou d'un appartement trop somptueux pour ses ressources ; les devis et marchés pour des constructions trop étendues ou pour des travaux d'embellissement sans rapport avec sa position ; les promesses de gage excessifs consentis à ses domestiques. D'une façon générale, le privilège de la réduction atteint tous les actes qui peuvent induire le mineur en dépense, soit en annulant la totalité de ses revenus, soit en compromettant sa fortune tout entière. Les termes de la loi ont certainement une compréhension aussi large. Le privilège précédent aura pour effet de ramener tous les actes à de sages proportions. Aussi quand les actes n'occasionnent au mineur émancipé qu'un préjudice limité, l'article 484 ne le protège plus (Trib. Lyon, 31 juillet 1885, *Moniteur judiciaire Lyon* du 31 novembre 1885).

Mais la réduction peut-elle atteindre tous les actes d'administration ? Il faut répondre négativement en présence des termes de la loi. Ainsi il n'y a pas lieu d'exercer l'action en réduction contre un acte relatif aux choses dont le mineur dispose librement, car ses engagements ne l'induisent pas alors à proprement parler en dépense. Tel serait le cas où il aurait vendu ses récoltes à un vil prix, des meubles corporels au-dessous de leur valeur réelle, où il aurait loué ses biens pour une somme beaucoup trop faible. Il y a, comme nous l'avons vu, une distinction bien tranchée entre les deux sortes d'actes rentrant dans la capacité du mineur, et c'est précisément l'action en réduction qui établit la différence entre eux. Ainsi, il n'est plus vrai de dire pour la catégorie des actes d'administration réductibles que le mineur émancipé est réputé majeur quant à ses engagements. Il ne peut certainement pas transiger ou compromettre en ce qui les concerne.

L'action en réduction étant une mesure d'ordre public, puisqu'elle touche à la protection des mineurs, a un caractère absolu comme toutes ces mesures. Le mineur émancipé peut, s'il veut, ne pas l'exercer, mais il ne pourrait pas y renoncer à l'avance par une transaction ou un compromis.

Il faut évidemment écarter des hypothèses où nous avons admis la réduction tout dol, toute intention frauduleuse des tiers qui ont traité avec le mineur, car si l'obligation ainsi formée ne constituait qu'un emprunt déguisé, elle pourrait être annulée. Le mineur pourrait sans contredit, au lieu d'user de l'action en réduction instituée par l'article 484 § 2, demander l'annulation d'un engagement qui lui est interdit formellement par l'article 483. Mais cela ne rentre plus dans notre hypothèse, celle où s'applique uniquement l'article 484 § 2. Le cas auquel nous faisons allusion serait d'ailleurs le seul où le mineur émancipé posséderait à la fois les deux actions. Pour tous les actes excédant les limites de sa capacité, il peut avoir l'action en nullité ou l'action en rescision, mais la doctrine entière s'oppose à ce que la réduction puisse en être demandée.

Tel n'est pas, comme nous l'avons annoncé, l'avis de jurisprudence. La Cour de cassation s'est prononcée maintes fois pour une application plus large de l'article 484 § 2. Elle a maintes fois jugé que l'action en réduction, au cas d'excès, appartient au mineur émancipé contre tout engagement, même lorsqu'il dépasse les limites de sa capacité. Rien ne permet de la limiter aux actes qui rentrent dans la sphère de la simple administration (Req., 29 juin 1857, S. 57.1.529 ; Paris, 16 déc. 1881, *Gaz.Palais*, 1882.1.505 ; Req., 21 août 1882, S. 83. 1.113 et note. En sens contraire : Bourges, 13 août 1838, S. 38.2.490 ; Paris, 25 juill. 1843, S. 43.2.379).

« Ainsi donc, d'après la jurisprudence, dit M. Huc (t. III, § 493), quand il s'agit d'actes de pure administration, l'émancipé ne peut, le cas échéant, recourir qu'à une action en réduction de son engagement ; quand il s'agit, au contraire, d'actes dépassant sa capacité, le mineur a le choix entre l'action en nullité proprement dite, indépendamment de toute lésion ou de tout excès, et l'action en réduction. »

Cette jurisprudence est, il faut le reconnaître plutôt basée sur l'appréciation des circonstances de chaque espèce, que sur l'interprétation juridique de l'article 484. On conçoit jusqu'à un certain point que les tribunaux se refusent à déclarer absolument nuls des actes passés par le mineur seul en dehors des limites de sa capacité, lorsqu'en les ramenant à de justes proportions, ils peuvent lui être avantageux ou utiles, mais nous ne suivrons pas la jurisprudence sur ce terrain dangereux. On l'a vivement critiquée et avec raison, selon nous. En autorisant d'une façon générale l'action en réduction à l'encontre d'actes dépassant la capacité du mineur, on rend inutiles les dispositions des articles 481 et suivants qui exigent, pour la validité des actes dépassant les bornes de la simple administration, l'assistance du curateur ou d'autres formalités. L'article 484 § 2 ne peut avoir pour effet d'annuler ainsi les dispositions précédentes. Nous concluons avec la doctrine que cet article s'applique uniquement à certains des actes d'administration excessifs.

Mais quand les engagements seront-ils excessifs ? C'est une pure question de fait à régler par les tribunaux. La loi leur accorde à cet égard un pouvoir discrétionnaire. « *Ils prendront à ce sujet*, ajoute l'article 484 *in fine, en considération la fortune du mineur, la bonne ou la mauvaise foi des personnes qui auront contracté avec lui, l'utilité ou l'inutilité des dépenses.* » Tout est essentiellement relatif en ces matières : telle dépense modérée pour une belle fortune sera excessive pour un petit patrimoine. Il en sera de même pour l'utilité des actes à apprécier. L'intention des tiers sera ici également un facteur important, car il s'agit également de ne pas commettre une injustice vis-à-vis des co-contractants de l'émancipé. « La cause de la réductibilité, dit Demolombe (1), se trouve dans une sorte de vice du consentement, dans une sorte de dol ou tout ou moins d'indélicatesse et de surprise de la part des tiers, fournisseurs, ouvriers, etc... qui ont abusé ou malhonnêtement profité de son inexpérience et de sa prodigalité (art. 1109, 1116). Voilà pourquoi la mauvaise foi des tiers est ici un élément de la réduction, qui doit dès lors aussi être plus ou moins forte eu égard à toutes les circonstances de fait, suivant lesquelles ces tiers peuvent être plus ou moins excusables. »

Il n'y a d'ailleurs aucune limite assignée au pouvoir de réduction du juge. Il peut fixer la réduction à la moitié, au quart, aux trois quarts, etc. La loi s'en remet à sa sagesse. Tout ce qu'elle lui demande, c'est de maintenir l'acte et de ne pas l'annuler complètement. Mais ce pouvoir n'est pas tellement absolu qu'il puisse porter le quantum de la réduction à la totalité de l'obligation. C'est ce qu'a fait parfois la jurisprudence. Il y a en ce sens un arrêt singulier de la Cour de cassation (Req., 10 février 1890, S. 1893.1.463, *Pand. fr. pér.*, 1890.1.335). Aux termes de cet arrêt « les tribunaux

(1) T. 8, n° 336.

[qui conformément à l'article 484 du Code civil ont le droit de réduire en cas d'excès les obligations contractées par un mineur émancipé] peuvent souverainement prononcer la réduction totale du prix d'un immeuble acquis par le mineur, de sorte qu'en ce qui concerne ce dernier la réduction équivaut à l'annulation de l'acte. Cette décision est fort contestable, car elle va jusqu'à transformer l'action en réduction qui appartient à l'émancipé en action en nullité, et aboutit ainsi indirectement à l'annulation même de l'achat de l'immeuble. Cela implique une contradiction dans les mots et c'est certainement contraire à l'intention du législateur. Nous ne saurions, pour notre part, approuver les termes de cet arrêt.

## CHAPITRE II

### A QUI APPARTIENT L'ACTION EN RÉDUCTION.

L'article 484 § 2 n'indique pas qui peut exercer l'action en réduction ! Aussi des dissentiments nombreux ont éclaté dans la doctrine.

Il est admis d'une façon générale que la réduction des engagements excessifs contractés par l'émancipé ne compète qu'au mineur lui-même assisté de son curateur. Il est en effet de principe qu'en matière de contrats, l'action appartient uniquement à ceux qui y ont figuré ou à leurs représentants. Comme le Code civil réduit le curateur à un rôle d'assistance dénué d'initiative, le mineur a seul capacité pour agir. Ni le curateur seul, ni les personnes auxquelles appartient en cas de réduction le droit de révoquer l'émancipation, ne peuvent exercer à sa place l'action en réduction (Aubry et Rau, 5e édit., t. 1, § 132 ; Laurent, t. V, § 241 ; Huc, t. III, § 493).

La solution précédente a été contestée très vivement dès l'origine en ce qui concerne le père, la mère, et le conseil de famille. Elle l'a été aussi récemment, même par rapport au curateur, qui semble cependant n'avoir aucune qualité pour agir.

L'article 485, dit-on, dispose que « tout mineur émancipé dont les engagements auraient été réduits en vertu de l'article précédent pourra être privé du bénéfice de l'émancipation... »

Il semble faire de la réduction un préliminaire de la révocation. Il faut en conclure que l'action en réduction doit pouvoir être exercée par tous ceux qui ont le droit de révoquer l'émancipation, ou sinon on rendra ce droit illusoire entre leurs mains. La plupart du temps, le mineur ne voudra pas former lui-même l'action en réduction soit par un sentiment d'amour-propre, le plus souvent par crainte de la révocation. Il préférera subir une perte pécuniaire que de risquer sa liberté et de retomber sous la puissance paternelle ou tutélaire. D'ailleurs qui veut la fin veut les moyens. Il est inadmissible que la loi ait permis au père, à la mère, au conseil de famille de retirer l'émancipation sans leur permettre en même temps de réaliser les conditions de cette révocation. Telle est la solution dictée par l'article 485 (Demolombe, t. 8, nos 347 et suiv.)

Cet argument n'a pas une portée bien grande, car il s'appuie sur deux propositions fort contestables en présentant comme absolu le droit de révocation, et l'action en réduction comme un préliminaire à l'exercice de ce droit. Il n'en est pas ainsi : le droit de révocation n'est d'abord qu'une suite facultative de l'admission en principe d'une action en réduction ; ensuite les deux droits ne sont pas aussi connexes qu'on le prétend. Ils sont au contraire bien distincts. Cette dernière action n'a pas été instituée par le législateur dans l'unique but d'arriver à la révocation : elle existe certainement pour elle-même, avec un but qui lui est propre. L'ouverture du droit de révocation est subordonnée, il est vrai, à la réduction, mais cela n'autorise point à conclure que celle-ci puisse être provoquée par les personnes investies du droit de révoquer l'émancipation, contrairement aux principes généraux des contrats. « Il faut, dit M. Laurent (75, n° 241), suivre les principes généraux qui régissent l'exercice des actions; or une action naissant d'un contrat ne peut être intentée que par celui qui y est partie. Cela est décisif. »

Au surplus, l'article 485 relatif au retrait est exclusif de cette extension. Il n'implique pas que le père, la mère ou le conseil de famille ont le droit de révocation par cela seul qu'il existe des motifs suffisants de le faire, dans l'intérêt du mineur, mais simplement qu'il n'autorise le retrait d'émancipation qu'au cas où les engagements du mineur sont susceptibles de réduction, comme nous le verrons dans la suite (arg. des mots « pourra être » de l'art. 485).

Que le système de la loi soit critiquable et rende souvent illusoire le droit de révocation, comme le remarque le premier système, c'est évident. Il y a même un grave reproche à adresser sous ce rapport au législateur. Mais on ne saurait, sans faire échec aux principes des contrats et aux textes de la matière, admettre une autre solution.

Quant au curateur, on n'avait guère prétendu jusqu'ici qu'il eût le droit de provoquer la réduction des obligations de l'émancipé. Un récent arrêt de la Cour de cassation relatif au prodigue, semble indiquer une nouvelle tendance de la jurisprudence. Il faut, d'après cet arrêt, étendre le droit d'exercer les actions des incapables à toutes les personnes chargées de les protéger (Cass. Req., 24 juin 1896, S. 97.1.113 et la note de M. Lyon-Caen). Cet arrêt reconnaît au conseil judiciaire d'un prodigue le pouvoir d'attaquer les actes faits par celui-ci dans des conditions qui les rendent annulables « attendu que la loi, en restreignant la capacité du prodigue a entendu le protéger contre sa propre faiblesse et le préserver de la ruine » et qu'en déniant ce pouvoir au conseil « en présence de l'inaction et du refus du prodigue, ce but ne serait pas obtenu ».

Si le Conseil, ajoute la Cour suprême, ne peut agir en l'absence et à l'insu du prodigue, il peut le mettre en cause, et cela suffit pour rendre commune avec lui la décision à intervenir « attendu qu'il s'agit là d'une simple question de procédure, dont la solution ne contrarie aucun texte de la loi, mais assure l'efficacité de ses prescriptions, en plaçant toutes les parties devant la justice, dans le rôle qui leur appartient ».

Cette doctrine est approuvée par M. Lyon-Caen qui la reprend et la commente dans une intéressante note (sous l'arrêt précité). L'éminent auteur lui donne une portée d'application très étendue, et pose le principe général suivant :

« Les personnes chargées de la protection des incapables ont le droit de demander la nullité des actes faits par ceux-ci, quand même ces personnes, n'ayant qu'un pouvoir d'assistance et non de représentation n'ont pas l'exercice des droits de ces incapables comme les représentant. Ce droit appartient à ces personnes en leur propre nom. »

De là résulte notamment la conséquence suivante : La réduction des obligations contractées par le mineur émancipé peut être demandée en cas d'excès non seulement par le mineur lui-même mais aussi par son curateur (C. civ., art. 484, 2e alin.). Il y a pour cela deux bonnes raisons : le but même de l'institution du curateur et du conseil de famille doit conduire à leur donner de leur propre chef l'action en réduction, et ce but ne serait pas atteint si l'inaction de l'incapable, tant que la mesure de protection subsiste, faisait obstacle à l'exercice de cette action. L'opinion contraire est en contradiction avec le but de protection qu'a poursuivi le législateur.

L'attribution au curateur de l'action en réduction, en son nom propre, a pour effet de rendre efficace le droit de révocation. C'est l'argument que nous connaissons déjà.

M. Lyon-Caen ajoute qu'il n'y a pas lieu d'objecter à la doctrine de la Cour de cassation le caractère relatif de l'action en réduction ou l'absence de préjudice résultant du refus de l'action au curateur. La prescription de l'action en réduction ne court pas en effet contre les mineurs même émancipés tant que dure la minorité, l'article 2252 du Code civil ne faisant pas de distinction. Ces raisons ne sont pas péremptoires. D'une part, il ne faut pas entendre le caractère relatif des actions dans un sens aussi étroit. Le Code civil se borne à dire qu'elles ne peuvent être invoquées par ceux qui ont contracté avec l'incapable (art. 1125). Mais il n'est pas contraire à leur nature de les conférer aux personnes chargées de la protection de l'incapable. Certaines solutions dérivent aussi nettement du but poursuivi par le législateur qu'elles résulteraient d'une disposition légale. Ensuite, il n'est pas exact de dire que l'émancipé ne puisse éprouver aucun préjudice du refus de l'action en réduction au curateur. Cette action, pour avoir un résultat effectif, demande à être exercée aussitôt que possible. Passé un certain délai, il sera difficile d'apprécier l'excès par suite du changement survenu dans les objets qui ont fait la matière des diverses obligations réductibles.

Telle serait, en ce qui concerne l'émancipé, la réfutation des objections que l'on pourrait faire à la doctrine appliquée au prodigue par la Cour de cassation.

La seule objection sérieuse vient du caractère relatif de l'autorité de la chose jugée. Si le curateur exerce en son nom l'action en réduction, comme il ne représente pas l'incapable, on doit reconnaître que le jugement rendu sur cette action, n'est pas en principe opposable à l'émancipé. Mais il est facile de parer à cet inconvénient : c'est de mettre en cause l'émancipé pour que la décision lui soit opposable, comme l'indique la Chambre des requêtes. Tout ce que nous venons de dire pour le curateur et le conseil de famille s'appliquerait *a fortiori*, suivant les partisans de cette doctrine, au père et à la mère de l'émancipé.

Malgré les avantages pratiques de ce système et l'autorité de l'auteur qui le soutient, nous ne partageons pas le même sentiment. La Cour de cassation légifère plutôt qu'elle n'applique la loi dans les considérations qu'elle présente. Il faut un texte formel pour étendre aux personnes chargées de protéger un incapable des actions aussi spéciales et aussi relatives que les actions en nullité ou l'action en réduction. Le but de protection que se propose le législateur n'autorise pas une pareille extension. Si les moyens qu'il donne ne permettent de réaliser cette protection, c'est que son œuvre est imparfaite, mais l'interprète ne peut pas en proposer de nouveaux. Or l'examen des textes de l'émancipation ne le permet pas ici, comme nous l'avons vu plus haut.

Il nous reste, pour en terminer avec ce point de notre étude, à résoudre une question qui n'est pas sans quelque difficulté : quelle est la durée de l'action en réduction ? L'article 1304 lui est-il applicable ? Doit-on lui appliquer au contraire la prescription générale de l'article 2262 ?

Tout étant de droit étroit en cette matière et l'article 1304 ne mentionnant pas l'action en réduction, on pourrait être tout d'abord porté à décider que l'action en réduction se prescrit par trente ans, conformément à la règle générale de l'article 2262.

Il faut néanmoins, croyons-nous, admettre la prescription décennale, et la faire rentrer dans les termes de l'article 1304. Voici pourquoi :

La prescription exceptionnelle de 10 ans admise par cet article est avant tout fondée sur une présomption de confirmation ou de renonciation. La loi considère le silence du mineur pendant dix ans comme une ratification de l'acte annulable ou rescindable (arg. art. 1115). Dans un intérêt général, on ne peut laisser les conventions aussi longtemps incertaines, ou les droits des tiers suspendus indéfiniment entre les mains des mineurs. Les actions que la loi attribue aux mineurs sont presque toujours en effet relatives (art. 1125 C. civ.), et les rendent ainsi seuls maîtres des contrats. Or, s'il n'est pas absolument exact d'affirmer qu'à l'inverse, toutes les conventions susceptibles d'être approuvées après coup doivent être soumises à la prescription décennale, cela sera vrai très souvent, et il est tout à fait logique de le faire pour une action en réduction. Qu'est-ce en effet que la réduction sinon une rescision partielle de l'acte ?

Nous avons vu comment la jurisprudence, en prononçant la réduction totale, arrivait à confondre les deux actions en une seule. Le fondement des deux actions est le même : c'est une lésion ; seulement dans notre cas la lésion est moins forte, mais elle existe, et constitue vis-à-vis du mineur un vice du consentement. L'action en réduction a d'ailleurs un caractère relatif et laisse en suspens les droits des tiers d'une façon presque aussi gênante que l'action en rescision, surtout avec la tendance de la jurisprudence. Si donc le législateur présume de la part du mineur qui a laissé passer le temps de la restitution fixé par l'article 1304, l'approbation d'une convention annulable dans son entier, il y a tout lieu de croire qu'il la présume aussi pour une convention simplement réductible. Cela doit rentrer *a fortiori* dans les intentions de l'émancipé.

Nous ajouterons que cette action, comme les actions en nullité ou en rescision, demande à être exercée dans un délai très restreint, pour que le juge puisse apprécier justement les vices du contrat incriminé. Passé un certain temps, ce sera très difficile pour ne pas dire impossible. La réduction ne doit donc plus pouvoir être intentée après 10 ans.

Quant au point de départ de cette prescription, il est indiscutable qu'il doit être placé à la majorité de l'émancipé. Peu importe que l'action appartienne au mineur lui-même dès la conclusion du contrat. L'article 2252 ne fait pas de distinction au point de vue de la suspension, entre les mineurs émancipés et les mineurs ordinaires.

# TROISIÈME PARTIE

## DU RETRAIT DE L'ÉMANCIPATION ET DE L'ANNULATION DE CERTAINES ÉMANCIPATIONS

Il arrive parfois que, malgré toutes les précautions légales, le mineur émancipé trompe les espérances qu'on avait fondées sur sa raison et abuse de sa demi-capacité. L'émancipation devient alors funeste à l'enfant, et le législateur devait intervenir. Il a pris, en vue de cette hypothèse, une mesure radicale et extrême, en organisant le retrait de l'émancipation. L'émancipé est ainsi, et malgré lui, protégé contre ses propres défaillances, par la perte de sa capacité relative.

D'autres fois, l'acte d'émancipation lui-même cause au mineur un préjudice moral ou matériel ou est contraire à son intérêt : par exemple un tuteur aura provoqué l'émancipation d'un mineur inexpérimenté pour s'exonérer du fardeau de la tutelle, et l'aura obtenue par surprise ou par ruse du conseil de famille, ou encore certains parents peu dévoués émancipent leurs enfants dans un but frauduleux, pour violer la loi ou éviter les conséquences d'une décision judiciaire qui les gêne, et cela particulièrement en matière de divorce ou de séparation de corps. Il peut en résulter des conséquences fâcheuses pour les enfants, qui risquent fort de se trouver absolument abandonnés à eux-mêmes. Nous verrons qu'on peut alors obtenir en justice l'annulation de pareils actes.

Nous étudierons dans une première section le retrait de l'émancipation, ensuite nous examinerons dans une seconde section si l'on peut déterminer quelques principes en matière d'annulation.

## SECTION I. — Retrait de l'émancipation.

Notre étude portera surtout sur les conditions et les formes de ce retrait. Nous dirons un mot des effets.

### § 1er. — Conditions et formes.

L'article 485 nous les indique : « *Tout mineur émancipé dont les engagements auraient été réduits en vertu de l'article précédent pourra être privé du bénéfice de l'émancipation laquelle lui sera retirée en suivant les mêmes formes que celles qui auront eu lieu pour la lui conférer.* »

Deux conditions ressortent des termes de la loi : il faut d'abord que l'émancipation ait eu lieu d'une façon expresse. Il est universellement admis aujourd'hui que l'émancipation résultant du mariage ne peut jamais être retirée. L'article 476 lui attribue un caractère définitif. Dans l'esprit du législateur, cette émancipation tacite apparaît comme une suite nécessaire du mariage. Il y a incompatibilité absolue, au point de vue de nos mœurs, entre la qualité d'époux ou d'épouse et la situation de pupille. Du reste, l'autorisation donnée au mariage de l'émancipé prouve que les protecteurs naturels de qui elle émane, l'ont jugé suffisamment raisonnable pour se conduire désormais seul.

D'ailleurs, l'article 485 n'est pas contraire à cette interprétation. S'il prononce dans son premier paragraphe la révocation contre « tout mineur émancipé », la fin du texte exige pour le retrait, l'emploi des formes qui ont été suivies pour conférer l'émancipation. Or on sait que ces formes n'existent que pour l'émancipation expresse. Cela montre donc bien qu'il faut exclure de la disposition qui nous occupe le mineur émancipé par le mariage, lors même qu'il aurait divorcé (1), lors même qu'il serait devenu veuf sans enfants. Il faut assimiler à cette première classe de mineurs, ceux qui ont été émancipés expressément et qui se seraient mariés depuis leur émancipation. En effet, la rédaction primitive de l'article 485 portait : « *Le mineur émancipé autrement que par le mariage...* » pourra être privé du bénéfice de l'émancipation, et ces expressions furent supprimées comme trop restrictives. C'est donc que le législateur ne veut priver de l'émancipation aucun des émancipés mariés, quel qu'ait été le mode d'émancipation employé à leur égard.

(1) Seine, 9 octobre 1891, *Gaz. Palais*, 91.2.406.

La seconde condition exigée pour le retrait est indiquée par les mots de l'article 485 (l'émancipé) « *dont les engagements auraient été réduits* ». Doit-on les entendre dans un sens absolu et strict ; est-il nécessaire pour que le retrait soit prononcé qu'il y ait eu réduction effective des obligations souscrites par l'émancipé ?

La doctrine repousse généralement cette interprétation trop étroite. La demande en révocation, disent Demolombe, Marcadé, Delvincourt, Aubry et Rau, Huc, etc., doit pouvoir légalement se fonder sur toute décision judiciaire qui aurait déclaré excessifs et réductibles en principe, les engagements de l'émancipé. Il n'est pas indispensable que le tribunal prononce effectivement la réduction, car il peut avoir eu égard à la bonne foi des tiers ou l'avoir refusée à cause du dol du mineur. La condition à laquelle est subordonnée la révocation ne doit pas moins en être considérée comme accomplie, puisque le mineur ne saurait aucunement se prévaloir des circonstances qui ont fait maintenir l'engagement. Il ne faut pas oublier en effet, que le mineur peut perdre le bénéfice de son action en réduction, quand il s'est rendu coupable d'un dol (art. 1310, C. civ.). Il est donc indispensable de combiner entre elles les diverses dispositions du Code civil. La doctrine adverse arrive pratiquement à ce résultat invraisemblable, que l'émancipation ne peut pas être retirée au mineur par cela seul qu'il s'est rendu coupable de dol.

La jurisprudence est dans le même sens. Les tribunaux tiennent pour régulières les révocations faites à la suite d'engagements excessifs en eux-mêmes, et maintenus seulement pour l'une des raisons précitées. « Attendu, dit le tribunal de Toulouse, que si la jurisprudence a étendu les dispositions de l'article 485 du Code civil aux engagements du mineur émancipé qui, *sans avoir été réduits ont été néanmoins déclarés excessifs ou qui même par leur nature paraîtraient susceptibles de réduction*, elle s'est parfaitement conformée à l'esprit de la loi qui a voulu protéger le mineur émancipé contre ses folles dépenses, comme elle protégera plus tard le majeur contre ses prodigalités » (Toulouse, 15 novembre 1882, S. 83.2.96 et Daollz, *Supplément*, v° *Émancipation*, n° 747, note 1).

Certains auteurs, notamment M. Laurent (t. V, n° 240), protestent contre cette solution, en disant que l'on ne peut ainsi modifier sans un texte, une capacité légale, dans une matière d'ordre public, et que rien dans les travaux préparatoires, n'autorise cette extension.

Malgré ces objections, nous nous rallierons au premier système, qui repose sur des raisons très sérieuses. Pourvu que la réduction, demandée par l'émancipé, ait été reconnue possible, le retrait pourra être provoqué. Nous serions assez porté, avec Demante et Colmet de Santerre (t. II, n° 256 *bis*, 2), à reconnaître sous ce rapport un pouvoir discrétionnaire aux tribunaux. Les juges sont chargés par la loi d'assurer la protection des incapables. La même sentence qui déclarera les engagements susceptibles de réduction, pourra autoriser le retrait. Mais nous exigerons bien entendu, avec la plùpart des auteurs, qu'il y ait eu une demande en réduction suivie d'une décision judiciaire. Et cette demande, nous le savons déjà, ne peut, à notre sens, émaner que de l'émancipé seulement.

Nous sommes ainsi conduits à repousser l'opinion suivant laquelle l'inconduite du mineur serait une cause de révocation, en dehors des engagements excessifs de sa part. Cette théorie, soutenue par Demolombe, n'a eu d'ailleurs presque aucun écho dans la doctrine (V. arrêt Toulouse, 1882, précité).

Quant aux formes, elles seront les mêmes pour la révocation que pour l'émancipation. La rédaction de l'article 485 est imprécise, et ne rend pas d'une façon exacte la pensée de la loi. Tout le monde s'accorde à l'interpréter ainsi : « ceux-là devront retirer l'émancipation qui auraient actuellement le droit de la conférer ; ils devront employer pour le retrait les mêmes formes qu'ils emploieraient pour conférer l'émancipation. »

Si l'on s'en tenait strictement aux termes de la loi, il serait parfois impossible de retirer l'émancipation au mineur. La situation de famille de l'enfant peut avoir changé entre le moment où il a été émancipé et celui où il est question de la révocation : celui de ses parents qui l'a émancipé, peut-être tous deux sont morts, ou ils se trouvent dans l'impossibilité d'exercer la puissance paternelle, par suite d'absence, d'interdiction, de déchéance (loi 24 juill. 1889). Comment pourrait-on observer, pour révoquer l'émancipation, les mêmes formes que celles qui ont eu lieu pour la conférer ? Et il n'est pas douteux cependant que le retrait ne puisse néanmoins être prononcé contre l'enfant, malgré ces circonstances nouvelles. Il faut donc donner à l'article 485 la signification précédente. On doit en conclure que le conseil de famille pourra toujours exercer le retrait à l'encontre du mineur émancipé par son père ou sa mère, quand ces derniers auront disparu ou seront empêchés de le faire.

La faculté de retirer l'émancipation appartient donc toujours aux personnes qui pourraient actuellement la conférer. Mais ici se place la difficulté que nous avons signalée en étudiant la réduction. Nous avons vu plus haut que le mineur émancipé avait seul qualité pour demander la réduction de ses engagements excessifs ; nous savons d'autre part que les engagements doivent avoir été réduits ou déclarés réductibles par une décision judiciaire, pour qu'il y ait lieu au retrait. Si le mineur n'agit pas et cela arrivera souvent pour des raisons que l'on devine sans peine et que nous connaissons déjà, il n'y aura pas moyen de lui retirer l'émancipation.

C'est un vice considérable de la législation actuelle, grâce auquel cette dernière mesure de protection sera le plus souvent inefficace. Il était à peu près inutile d'instituer le retrait pour le paralyser presque complètement au gré du mineur émancipé. Aussi l'œuvre du législateur mérite sur ce point de sévères critiques. Il est à souhaiter que cette inconséquence disparaisse promptement du Code civil.

La déclaration ou la révocation qui révoque l'émancipation est-elle susceptible de recours, devant la justice. Les avis ont été longtemps divers. On s'accorde généralement aujourd'hui pour admettre la distinction suivante :

La révocation est-elle illégale soit parce qu'elle a été faite sans l'observation des formalités prescrites par la loi, soit parce que les conditions de la révocation n'ont pas été remplies, le recours est possible. Il faut distinguer entre le cas où la révocation a été prononcée par une déclaration du père ou de la mère du mineur, et celui où elle émane d'une délibération du conseil de famille. Au premier cas, le mineur ne pourra agir que par voie d'exception, car il ne peut exercer directement une action en nullité contre un acte de l'autorité paternelle. Il continuera à se comporter comme un émancipé, et si on lui oppose la révocation, il la repoussera, car cet acte ne saurait produire aucun effet à son égard.

Si les formes prescrites par la loi ont été observées, et si les conditions du retrait se trouvent réunies, les tribunaux ne peuvent pas s'opposer à l'exercice d'un droit absolu, dérivant de la puissance paternelle, et la décision prise est toujours inattaquable. Il importe peu qu'elle émane du père, de la mère ou du conseil de famille, car ce dernier hérite de l'autorité domestique, quand les parents sont morts, ou empêchés d'agir. On a objecté, il est vrai, que l'article 86 du projet du Code civil ainsi conçu : « la délibération que le conseil de famille prendra sur cet objet ne sera pas sujette à homologation et ne sera susceptible d'aucun recours » avait été supprimée de la rédaction définitive, et on en a tiré argument en faveur du droit de recours du mineur, mais cela n'est pas péremptoire. Il est vraisemblable que cet article a été supprimé à raison de sa rédaction trop absolue.

### § 2. — Effets.

Le mineur émancipé redevient un mineur ordinaire à la suite du retrait; par conséquent :

S'il a encore son père et sa mère, il est replacé sous la puissance paternelle, et ceux-ci recouvrent sur sa personne et sur ses biens toutes les prérogatives qui sont attachées à cette autorité, droits de garde, d'éducation et de correction d'une part, et de l'autre administration légale et usufruit légal si l'enfant n'a pas encore atteint dix-huit ans. On l'a contesté pour l'usufruit légal, mais la majorité des auteurs sont d'avis qu'il doit revivre au profit des parents. Du moment que la puissance paternelle revit, tous ses attributs doivent l'accompagner. Pourquoi rejetterait-on ce dernier, alors que la loi ne fait aucune distinction ?

S'il n'a plus que son père ou sa mère, il retombe à la

fois sous la puissance paternelle et sous la puissance tutélaire.

S'il a perdu son père et sa mère il est mis en tutelle : il y *entre* si le décès de ses parents s'est produit depuis l'émancipation. Il y *rentre* si les parents étant morts avant cette époque, il avait déjà eu un tuteur.

Ces distinctions sont implicitement contenues dans l'article 486 qui porte : « *Dès le jour où l'émancipation aura été révoquée le mineur rentrera en tutelle et y restera jusqu'à sa majorité accomplie.* »

La rédaction de cette disposition laisse à désirer ; elle est incomplète même pour le cas spécial qu'elle prévoit, et son laconisme a donné lieu à une controverse sur le point suivant : quand le mineur rentre en tutelle, sous quelle tutelle sera-t-il placé ?

On admet généralement aujourd'hui que c'est une nouvelle tutelle qui s'ouvre. L'émancipation a mis fin à l'ancienne. Le premier tuteur, testamentaire ou datif, a rendu ses comptes et se trouve déchargé ainsi que le subrogé tuteur. Leur mission estterminée. La tutelle sera déférée de la même manière que si elle s'ouvrait pour la première fois, car on doit appliquer le droit commun, quand il n'y est pas dérogé.

Le mineur replacé en tutelle y restera jusqu'à sa majorité accomplie. Il ne peut plus être émancipé directement, mais comme le mariage ne lui est pas interdit, il pourra jouir de nouveau par ce moyen du bénéfice de l'émancipation : l'article 476 limite à cet égard l'article 486. C'est peut-être pousser un peu loin la faveur du mariage, comme le remarque M. Laurent, mais puisque le mineur doit être muni pour le mariage du consentement de ses parents ou de son conseil de famille, cela n'aura pas grand inconvénient pratique.

### SECTION II. — **Annulation de certaines émancipations.**

Le droit d'émanciper dérive de la puissance paternelle. Il appartient d'une manière exclusive au père et après lui, soit à la mère, soit au conseil de famille. C'est un droit souverain dont nul ne peut entraver l'exercice. Les tribunaux ne peuvent pas en principe contester la décision du père qui émancipe son enfant, ni modifier, ni limiter l'exercice de la puissance paternelle (Bordeaux, 14 juill. 1838, S. 39.2.73). Ce droit ne se rattache d'ailleurs ni à l'administration des biens, ni à l'éducation de la personne. Aussi le père qui a été privé de la garde de ses enfants par un jugement de divorce ou de séparation de corps prononcé contre lui, n'en conserve-t-il pas moins le droit de les émanciper. Il faudrait un texte qui amoindrît le pouvoir du père dans ce cas pour qu'on l'en privât, et ce texte n'existe pas. Nous en dirons autant de la mère à laquelle la garde de ses enfants aurait été retirée. Ce droit est également indépendant de la tutelle; le père ou après lui la mère le conservent donc quoiqu'ils aient été dispensés, exclus ou destitués de la tutelle. Il en est de même pour la mère remariée non maintenue dans la tutelle.

Cependant le droit d'émancipation peut donner lieu à de graves abus de la part des parents. Il peut être un moyen détourné de faire fraude à la loi et aux jugements, ou aux droits des tiers.

Alors, l'intérêt du mineur n'est pas entré en jeu dans l'émancipation qui a été prononcée. Aussi peut-elle lui causer un préjudice matériel et moral. On ne peut admettre que le législateur n'ait pas permis d'atteindre l'usage abusif d'une mesure édictée en faveur des mineurs. Dès lors, il a été admis que les tribunaux jouissent d'un pouvoir discrétionnaire pour apprécier si les parents ont usé de leur droit dans l'intérêt de l'enfant. S'il est impossible de retirer aux parents l'exercice de la puissance paternelle, il faut protéger les enfants qui y sont soumis, et il est permis de neutraliser les attributs dont les parents mésuseraient au détriment de ces derniers.

« En cette matière, comme en toute autre, dit la Cour de cassation dans un arrêt de 1857 (1), il est permis de recourir à l'autorité des tribunaux, et de leur demander qu'ils examinent d'après la connaissance qu'ils peuvent avoir de la position respective des parties ou d'après les faits qui sont soumis à leur appréciation, s'il y a eu exagération ou abus dans l'exercice de la puissance paternelle, et si elle doit être ramenée dans les limites du droit. »

(1) Cass., 8 juill. 1857. S. 57.1.521 ; *adde* Seine, 17 janv. 1890, S. 91.2.17 ; Aix, 12 nov. 1890, S. 91.2.25 ; Paris, 4 déc. 1894, D. 95.2.484.

Les tribunaux peuvent donc intervenir et, suivant les cas, annuler l'émancipation ou en modifier les effets (Caen, 9 juillet 1850, P. 52.1.401).

Nous écartons de l'hypothèse que nous examinons, les cas où l'émancipation aurait eu lieu en dehors des conditions fixées par la loi. Telle serait par exemple l'émancipation conférée avant l'âge légal (Alger, 26 juin 1888, D. 89.2.242) ou reçue par un juge de paix incompétent (Trib. Seine, 14 mai 1885, *Gaz. Pal.*, 86.2.72 et 12 nov. 1886, *Pand fr.*, 87.2.140 ; Meaux, 21 juillet 1886, *it.* 87. 2.413). Il y aurait nullité *ab initio* pour vice de forme.

Les nombreuses décisions judiciaires d'annulation que nous avons relevées nous paraissent pouvoir être rangées sous deux chefs :

Le contrôle et l'examen des tribunaux sont justifiés quand l'émancipation a eu lieu dans l'unique but de faire fraude à la loi, au lieu d'être inspirée dans l'intérêt de l'enfant. Cela n'est dit dans aucun texte, mais il est de principe que la fraude fait toujours exception. L'émancipation peut ainsi avoir été prononcée pour faire échec à la loi elle-même, et préjudicier aux droits pécuniaires de l'enfant. Tel serait le cas où on aurait émancipé un enfant, en lui imposant la condition de verser chaque année une certaine somme sur ses revenus ; ce qui serait un moyen indirect d'échapper à l'application de la disposition qui limite la durée de la jouissance légale (Paris. 4 déc. 1894, S. 97.2.73 et D. 95.2.484).

Le plus souvent, elle est prononcée pour faire échec à

une décision judiciaire ou à celle d'un conseil de famille. Une décision du conseil de famille homologuée du tribunal a enlevé par exemple à une mère la garde d'un enfant. L'assemblée de famille l'a privée de la tutelle ou destituée pour inconduite notoire. Il est facile à cette mère de rendre vaines ces déchéances en émancipant son enfant, droit qu'elle a conservé comme nous le savons. En présence de tels faits, l'émancipation peut être regardée comme contraire à l'intérêt du mineur et les tribunaux peuvent l'annuler (Trib. Seine, 14 mai et 12 novembre 1886 précités ; Caen, 4 décembre 1867, S. 68. 2.276). Le père est souvent tenté d'émanciper ses enfants, lorsque la garde lui en a été enlevée, à la suite d'une instance en séparation de corps ou de divorce. L'émancipation est alors annulable, car les prescriptions de la justice doivent quand même être exécutées (Paris, 5 juillet 1853, D. 54.2.67). Mais il ne faut pas, comme l'a fait en une circonstance la Cour de cassation, maintenir l'émancipation, en en restreignant certains effets. Un jugement de séparation de corps avait ordonné de placer des mineurs dans une maison d'éducation jusqu'à leur majorité ou leur mariage, et le père pour faire échec à cette décision avait émancipé les enfants. La Cour décida que l'émancipation subsisterait, tout en ne produisant que les effets légaux compatibles avec la décision souveraine de la justice. C'était créer une émancipation nouvelle que la loi ne reconnaît pas (Cass., 4 avril 1865, D. 65.1.387).

En d'autres circonstances, l'émancipation a lieu en fraude des droits de l'un des époux vis-à-vis de l'autre, ou en fraude des droits des tiers. Les jugements de divorce ou de séparation de corps, qui sont malheureusement trop fréquents aujourd'hui, attribuent la garde des enfants à l'un des deux époux ou la répartissent entre eux lorsqu'il y en a un certain nombre. Parfois cette garde est attribuée à un tiers, soit pendant la durée de l'instance, soit d'une façon permanente. Chaque époux ou le tiers acquiert ainsi des droits exclusifs à la garde des enfants qui leur ont été confiés. Si le père accorde l'émancipation pour faire échec aux droits que le jugement a conférés à la mère ou aux tiers, ces derniers pourront faire opposition à l'émancipation, comme contraire à l'intérêt des enfants et frauduleuse à leur égard. Les tribunaux pourront en prononcer l'annulation (Trib. Seine, 6 mars 1862, S. 62.2.394; Douai, 25 mars 1895, S.97.2.73; Trib. Seine, 12 juin 1891 sous Paris, 24 février 1893, D. 93.2.372).

On s'est demandé si les créanciers du père ou de la mère ne pourraient pas, sous prétexte qu'elle est entachée de fraude à leur égard, faire prononcer la nullité de l'émancipation que les parents auraient conférée à leur enfant. Elle peut en effet avoir pour but de ravir aux créanciers les droits qu'ils ont à prétendre sur la jouissance légale des parents, et constituer dans l'intention de ceux-ci, une renonciation indirecte au détriment de ceux-là.

On admet généralement que les créanciers ne sont pas recevables dans cette action, car, dit-on, l'usufruit légal, attribut de la puissance paternelle, reste, comme celle-ci, un droit exclusivement attaché à la personne. Les créanciers ne peuvent donc pas invoquer à son sujet l'action oblique de l'article 1166, ni l'action paulienne de l'article 1167 du Code civil (Bruxelles, 2 novembre 1844, *Pasicris. belge*,1884, p. 283; Pau, 13 mars 1888, précité ; — Toullier, t. 6, n° 368 ; Proudhon, *Usufruit*, n° 2399).

Certains auteurs sont cependant d'un avis opposé, et nous croyons, pour notre part, qu'une telle demande est admissible de la part des créanciers, et qu'elle peut aboutir à faire annuler l'émancipation. Cet acte peut être entaché de fraude comme tout autre. Il ne suffit pas de dire que l'usufruit légal est un droit exclusivement attaché à la personne, car l'émancipation peut avoir pour résultat de priver les créanciers de l'excédent des revenus sur la dépense. Les créanciers ne réclament pas alors le droit qu'ils pourraient prétendre sur cet usufruit en vertu de l'article 1166, mais ils tentent d'établir que l'émancipation n'a été, dans l'intention de leur débiteur, qu'un moyen détourné de diminuer les produits de son patrimoine. Il nous semble qu'ils peuvent s'autoriser de l'article 1167. Les juges auront à apprécier les faits qui ont entouré l'émancipation, et ils devront réprimer la fraude.

Tels sont les cas les plus fréquents où l'émancipation est susceptible d'être annulée par les tribunaux. Il pourra s'en présenter beaucoup d'autres ; aussi faut-il laisser aux juges toute latitude sous ce rapport. Ainsi, il est bien certain que le mineur devrait être remis en tutelle, si, comme nous l'avons dit plus haut, son tuteur avait obtenu l'émancipation dans le seul but de s'exonérer du fardeau de la tutelle, et alors que la raison de l'enfant n'est pas suffisamment développée. L'émancipation pourrait encore être provoquée par le tuteur dans l'intention d'échapper à la reddition du compte de tutelle ou de rendre des comptes inexacts, de connivence avec le futur curateur. Si de tels faits sont établis, le tuteur devra être destitué, l'émancipation annulée et l'enfant confié à un autre tuteur plus fidèle.

Nous pensons avoir donné par ces quelques exemples une notion exacte de ce que peut être l'annulation de l'émancipation, mise en œuvre par les tribunaux comme une mesure de protection légale du mineur lui-même. Il ne faut pas que l'émancipation soit détournée de son but qui est d'être une faveur et un avantage pour l'enfant, et qu'elle devienne un mal pour lui, une fraude à la loi ou aux droits des tiers. Cela peut se produire de bien des manières, mais on ne peut poser de règles absolument fixes ; c'est avant tout une question de fait à régler. Les juges apprécieront les circonstances qui leur sont soumises.

Est-ce à dire que la protection des mineurs contre le danger d'émancipations inopportunes ou contraires à leurs intérêts, sera suffisamment assurée par le pouvoir que nous avons reconnu aux tribunaux et qu'ils se sont arrogé eux-mêmes. Elle le sera par rapport au tuteur, car ce dernier est placé sous le double contrôle du conseil de famille et du subrogé tuteur, et il y aura assez de chance pour que les tribunaux soient saisis, en pareil cas, d'une demande d'annulation. Il suffit en effet qu'une personne intéressée introduise la demande en annulation ; et il se trouvera presque toujours pour le faire un parent dévoué ou un ami consciencieux, parmi les personnes chargées de contrôler le tuteur. Mais il faut que cette demande soit présentée : c'est une condition nécessaire de l'annulation, car les tribunaux ne peuvent pas être saisis en cette matière, comme cela arrive parfois, par le juge de paix ou le ministère public (art. 491 et 819, C. civ.). Aussi la protection des tribunaux sera-t-elle beaucoup moins efficace vis-à-vis des parents. Nous ne pensons pas qu'un recours puisse être exercé par l'enfant lui-même contre sa propre émancipation. En tous cas, le pourrait-il, ce recours sera bien illusoire, car ou il n'osera pas agir par crainte ou il ne le voudra pas, voulant profiter de sa nouvelle liberté sans en voir l'écueil. Et que peut faire vis-à-vis d'un père ou d'une mère un membre de la famille qui s'intéresserait à l'enfant ? Il lui sera bien difficile de soutenir l'enfant contre ses parents.

Souvent donc, il n'y aura pas de remède contre une émancipation mauvaise. Cela touche à un vice de notre Code civil qui n'est pas encore complètement réparé. Le législateur de 1804, tout en fortifiant la puissance paternelle de droits énergiques tels que celui de correction (art. 375 et suiv.), avait complètement négligé de garantir l'enfant contre les abus de cette puissance. Deux lois récentes : l'une du 24 juillet 1889 relative à la protection des enfants maltraités ou moralement abandonnés et l'autre du 19 avril 1898, ont en partie remédié à cette lacune, en organisant la déchéance de la puissance paternelle contre les parents inhumains ou indignes. Mais c'est un moyen extrême et peu pratique ici.

Certains parents peuvent se montrer oublieux de quelques devoirs de dévouement, sans pour cela être indignes et sans mériter une peine aussi grave que la déchéance : notre cas d'émancipation inopportune ou frauduleuse en est un exemple. En l'absence d'un contrôle judiciaire plus ou moins problématique, il n'y aura donc rien à faire pour limiter leurs pouvoirs. Une certaine théorie refuse même aux tribunaux, depuis la loi de 1889, la faculté de restreindre séparément les attributs de la puissance paternelle, entre autres le droit d'émanciper. Ils peuvent retirer complètement aux parents la puissance paternelle, disent les partisans de cette doctrine, mais non la démembrer arbitrairement. Nous ne pensons pas que cette théorie soit exacte, mais il n'en reste pas moins établi qu'il y a une lacune : il faudrait donner pour ce cas un droit de contrôle soit aux membres de la famille, soit aux représentants de l'autorité publique. Il nous semble qu'on devrait exiger tout au moins le consentement du mineur à l'émancipation, comme dans les législations du Mexique et du Pérou.

# APPENDICE PREMIER

## PROTECTION SPÉCIALE DU MINEUR ÉMANCIPÉ COMMERÇANT.

Il peut être fort utile au mineur dans certaines circonstances d'exercer une profession commerciale. Le législateur l'a reconnu et il a cherché à concilier la protection due à la minorité avec les nécessités du commerce.

L'article 487 du Code civil déclare : « *Le mineur émancipé qui fait un commerce est réputé majeur pour les faits relatifs à ce commerce.* » C'est une faveur exceptionnelle qui a d'ailleurs son inconvénient pratique dans l'application du droit commun au mineur émancipé. L'article 1308 ajoute en effet qu' « *il n'est point restituable contre les engagements qu'il a pris à raison de son commerce* ».

Mais, à cause de l'étendue de la capacité qu'elle lui confère alors, la loi impose au mineur des conditions rigoureuses pour devenir apte à l'exercice d'un commerce.

Il résulte des articles 2 et 3 combinés du Code de commerce que le mineur doit satisfaire aux quatre conditions suivantes (1) :

(1) Exception doit être faite pour le mineur artisan auquel il suffit

*a*) Être émancipé; *b*) être âgé dans tous les cas de 18 ans ; *c*) obtenir de sa famille une autorisation spéciale; *d*) il faut enfin une publicité commerciale, pour informer les tiers du changement survenu dans la capacité du mineur.

La réunion de ces diverses conditions est indispensable. En l'absence d'une seule d'entre elles, le mineur ne saurait être réputé commerçant, ni traité comme tel (St-Gaudens, 2 déc. 1881, S. 82.2.140).

Bien plus, aux termes de l'article 3 du Code de commerce, le mineur qui sans être commerçant voudrait faire quelques actes de commerce, doit se faire habiliter régulièrement en se conformant aux prescriptions précédentes. La loi a voulu protéger ainsi les mineurs même émancipés contre les conséquences des actes commerciaux, fussent-ils isolés. Cette disposition semble au premier abord très rigoureuse ; elle est au fond très sage et tutélaire. Nous en verrons bientôt la conséquence.

Le mineur émancipé commerçant régulièrement habilité est assimilé au majeur pour tous les faits relatifs à son commerce. A la différence du mineur émancipé resté dans le domaine de la vie civile, il n'a plus de curateur et dispose de tous ses droits dans la sphère précédente : ainsi il peut librement vendre ses meubles corporels et incorporels, acheter, plaider, emprunter, transiger, s'obliger personnellement, même contracter

d'exercer son art pour être pleinement capable dans la limite de cette gestion (arg. art. 108, C. civ.).

une société commerciale, et enfin engager et hypothéquer ses immeubles (art. 6, C. com.). Il peut faire en un mot toutes les opérations constituant des actes de commerce par leur nature et toutes celles qu'on peut y rattacher par la théorie de l'accessoire.

La loi devait néanmoins distinguer du majeur sous le rapport de la protection, le mineur émancipé même commerçant. L'état de mineur continue là comme ailleurs de primer les autres qualités qui sont réunies dans la personnalité juridique de l'adolescent, et il exige toujours quelques garanties. Voyons ce qu'a fait le législateur. Il ne pouvait être question de l'appui du curateur, en matière d'actes commerciaux, après le principe posé en l'article 487. On ne pouvait pas non plus, et pour la même raison, appliquer la réduction aux engagements qui résultent de ces actes, ni même les déclarer excessifs en principe. Il ne restait donc plus que deux moyens : restreindre sous certains rapports la capacité spéciale du mineur commerçant, autoriser la révocation du pouvoir de commercer.

L'article 6 du Code de commerce a édicté la première de ces deux mesures protectrices. Il ne lui permet d'aliéner ses immeubles qu'en observant les formalités prescrites par les articles 457 et suivants du Code civil, c'est-à-dire qu'il le met sur la même ligne que l'émancipé ordinaire. Aucune restriction n'est faite d'ailleurs relativement à l'hypothèque. Il y a une grave dérogation à la règle de l'article 2124 dans cette différence établie par la loi entre la capacité d'aliéner et celle d'hypothéquer.

On a critiqué avec raison cette étrange distinction. Il n'était peut-être pas mauvais de restreindre le pouvoir du mineur commerçant sur ses immeubles, mais il fallait être logique et lui interdire également l'hypothèque de ses immeubles. L'hypothèque n'est-elle pas, comme on l'a dit souvent, « une aliénation indirecte », plus dangereuse que l'aliénation elle-même. D'aucuns ont fait remarquer, pour justifier le législateur, que l'hypothèque favorisait mieux que l'aliénation les opérations commerciales. Cette affirmation est fort contestable. Une aliénation faite à propos rendra souvent au commerçant un service beaucoup plus grand que le pourrait faire un emprunt sur hypothèque : d'autre part, l'hypothèque nuit toujours au crédit de celui qu'elle atteint, et non pas l'aliénation.

Il est d'ailleurs fort regrettable que le mineur puisse aliéner librement ses meubles incorporels et son fonds de commerce, alors qu'il ne peut vendre le plus petit immeuble sans recourir à des formalités compliquées. C'est vis-à-vis des premiers biens surtout qu'il aurait fallu restreindre sa capacité. Et nous savons que la loi de 1880 qui prohiberait à un tuteur la vente du fonds de commerce de son pupille, n'atteint pas le mineur commerçant (Bordeaux, 29 déc. 1890, D. 92.2.368 et note).

On ne peut donc expliquer l'article 6 que comme un reste des anciens préjugés sur l'importance exceptionnelle des immeubles. Il fallait, selon les idées anciennes, les conserver le plus longtemps possible, fussent-ils hypothéqués. On est aujourd'hui singulièrement revenu de cette opinion. Aussi la disposition de l'article 6 du Code de commerce est une de ces mesures vieillies qui sont appelées à disparaître.

Mais pourrait-on retirer au mineur émancipé l'autorisation spéciale en vertu de laquelle il a été habilité à faire le commerce, lorsqu'il compromet sa fortune par son défaut d'aptitude aux affaires ? Cette question de révocabilité a soulevé de graves difficultés, car elle n'a pas été prévue au Code de commerce.

Il n'est pas douteux que le mineur cesserait d'être commerçant du jour où, ses engagements civils ayant été réduits, il aurait été privé de l'émancipation. Il perdrait avec sa qualité d'émancipé, celle de commerçant, puisque la première est, d'après l'article 2 du Code de commerce, une condition nécessaire de l'autre. Mais cela ne résout pas la question ; il s'agit de savoir si le mineur émancipé commerçant peut redevenir un mineur émancipé ordinaire sans retomber du même coup en tutelle. Deux systèmes sont en présence :

Le premier fait du retrait préalable de l'émancipation, tel que l'organise le Code civil, une condition indispensable du retrait de l'autorisation de commercer. Cette autorisation n'est pas révocable en elle-même, puisqu'aucune disposition de loi ne l'organise. Le mineur émancipé ne peut en être dépouillé qu'indirectement par la perte de l'émancipation. Or la révocation doit avoir lieu conformément aux articles 484 et 485 du Code civil et avec les garanties judiciaires qu'ils ordonnent. Il faut des engagements réduits ou au moins réductibles en droit, et déclarés tels par un jugement.

Nous savons d'ailleurs que la réduction s'applique aux engagements purement civils. Il est donc bien exact de dire qu'on ne peut pas révoquer directement l'habilitation commerciale du mineur. Seule la réduction d'engagements civils excessifs permettra une révocation indirecte. Il faudra, dans l'intérêt des tiers, entourer cette révocation de la même publicité qu'avait reçue l'autorisation spéciale.

De graves objections ont été présentées à l'encontre de ce système. Pourquoi avoir recours à un pareil expédient? a-t-on dit. C'est prendre une voie bien détournée qui ne sera pas toujours ouverte : le mineur peut d'abord avoir été émancipé par le mariage, auquel cas le retrait est impossible. En outre, le mineur commerçant fait avant tout des actes commerciaux. L'absence d'engagements civils excessifs sera la règle habituelle. La famille se trouvera le plus souvent sans moyen d'arriver à la révocation. Il faut reconnaître, poursuit-on, la possibilité d'agir plus directement. Mais on ne s'entend plus sur les moyens à employer : les uns proposent de dénoncer aux juges même les engagements commerciaux pour en faire prononcer l'excès sinon la réduction. On arriverait ainsi à faire rentrer le mineur en tutelle.

Cette procédure imaginée de toutes pièces, le rôle purement consultatif laissé aux tribunaux sur une question d'état sortent manifestement des intentions de la loi. Ajoutons que la plupart des opérations commerciales demandent à être conduites avec célérité et sans être connues à l'avance du public. Telle affaire un peu hasardeuse est susceptible de réussir qui manquera infailliblement si on vient la discuter d'avance au tribunal. Nous n'insisterons pas sur cette solution qui nous paraît tout à fait inadmissible.

Nous aimons mieux le système le plus généralement suivi et qu'ont adopté des auteurs considérables (1) : l'autorisation de faire le commerce peut être de la part de la famille l'objet d'une révocation directe, spéciale et indépendante du retrait de l'émancipation. On suivra les mêmes formes que celles employées pour l'habilitation. Cela résulte de l'esprit de la loi qui a en vue avant tout la protection des mineurs. Il ne peut être entré dans les vues du législateur de laisser une famille assister désarmée à la ruine d'un mineur incapable. Le mineur ne peut pas dire d'autre part qu'il a une situation acquise. On n'acquiert pas de droit à ne pas être protégé. La plupart des partisans de ce système tempèrent d'ailleurs ce qu'il pourrait présenter d'arbitraire en exigeant l'intervention des tribunaux pour apprécier les

(1) Demol., t. 8, n° 385 ; Demante et Colmet, S. II, n° 258 *bis* ; Bravard, I, p. 86-87 ; Lyon-Caen et Renault (1re édit.) §. 166 ; Thaller, *Traité élém. de Dr. com.*, n° 94 et suiv.

motifs de la révocation. Tous sont d'accord pour la soumettre en dernier lieu aux mêmes conditions de publicité que l'autorisation elle-même.

Nous n'adopterons pas non plus cette solution, malgré l'autorité considérable des auteurs qui la présentent. Elle ajoute à la loi plutôt qu'elle ne l'applique. Si l'on s'en tient aux principes régissant la matière, l'intervention de la justice n'est pas toujours possible : elle se produit naturellement quand la révocation est l'œuvre du conseil de famille, mais on ne la conçoit plus, quand l'autorisation est retirée par le père ou la mère. Aucune disposition de loi n'organise alors un contrôle judiciaire. Il nous semble difficile de l'exiger sans sortir des termes de la loi.

Le premier système est, il est vrai, bien imparfait dans ses résultats. Il laissera parfois le mineur commerçant sans protection, faute de moyens suffisants. Néanmoins il est plus juridique. Il y a sur ce point dans la législation commerciale une grave lacune. Il n'appartient pas à l'interprète de la combler. C'est affaire au législateur. Le Code belge contient à cet égard une disposition expresse très sage : le tribunal statue sur la demande en révocation formée par le père, la mère ou le conseil de famille (art. 5). Comme nous n'avons rien de pareil au Code de commerce, il faut se contenter des mesures actuelles de protection qu'il organise, tout en regrettant leur peu d'efficacité.

L'émancipé commerçant n'est réputé majeur que pour

les faits de son commerce (1). Par rapport aux actes d'une autre nature, sa capacité se réduit à celle d'un mineur émancipé ordinaire, et les articles 481 et suivants du Code civil lui deviennent applicables ; un curateur lui est nommé et l'assiste dans les actes les plus importants. Ses créanciers pour causes civiles sont traités comme si le débiteur n'était pas commerçant (2). Enfin on peut, comme nous l'avons dit, lui retirer l'émancipation s'il s'est mis, au point de vue civil, dans les conditions du retrait. En raison de ce dualisme de condition, il est essentiel de savoir si tel acte accompli par un mineur commerçant se rapporte ou non à son commerce, puisque sa capacité n'est plus la même dans les deux cas. Suivant le parti adopté, l'acte sera souvent valable ou nul : un emprunt par exemple, quand son but n'est pas indiqué. Quelle présomption légale doit-on adopter ?

Une première opinion propose de suivre la présomption de commercialité de l'article 638, alinéa 2, du Code de commerce. Les actes du mineur commerçant doivent être présumés jusqu'à preuve contraire faits en vue de son commerce. L'article 487 est très général, ainsi que l'article 638, et corrobore fortement cette théorie. Les termes de ces articles ne permettent aucune distinction entre majeurs et mineurs commerçants.

Mais, a-t-on objecté, l'article 638 ne tranche qu'une

(1-2) Voir une application intéressante de ces principes en matière de mandat dans un récent arrêt de la Cour de cassation (req.) du 16 mars 1898 au *Journal des notaires et des avocats* (numéro d'août 1898, p. 171).

question de compétence et non une question de capacité commerciale. C'est donner à la présomption légale une portée qu'elle n'a pas que l'étendre d'un cas à un autre. D'autre part, pour les mineurs, l'incapacité forme la règle et la capacité l'exception : la capacité commerciale du mineur émancipé ne repose que sur une fiction. Il est donc plus logique d'imposer au tiers l'obligation de prouver que l'acte rentre dans la capacité exceptionnelle conférée au mineur commerçant, car on doit présumer la règle et non l'exception. Ces objections sont évidemment très sérieuses.

Néanmoins, la première solution paraît prévaloir dans la doctrine et dans la pratique. On étend la présomption précédente de l'ordre de compétence à celui de capacité, en maintenant les actes litigieux. L'article 638 règle, dans les deux cas, une question de commercialité et il permet cette extension. En tous cas, à supposer le contraire, si la présomption n'a pas légalement l'étendue qu'on lui prête, les juges consulaires ont toujours une présomption de fait pour motiver leurs décisions : celle qu'un commerçant fait en général des actes de commerce.

Nous devons maintenant examiner par quelles mesures la loi protège un mineur émancipé qui se serait livré au commerce sans y avoir été régulièrement habilité. Cette protection s'étend à la personne même et aux actes de l'émancipé.

Quant à la personne, il n'y a pas de difficulté et l'article 3 du Code de commerce ne laisse aucun doute : l'émancipé non habilité qui a accompli un ou plusieurs actes de commerce ne saurait, par ce seul fait, être réputé commerçant, ni traité comme tel. Par suite, il échappe à toutes les conséquences attachées à cette profession : il n'est pas justiciable des tribunaux de commerce (Civ. cass., 6 août 1862, aff. Gallat, D. 62.1. 375 et Cass. req., 16 mars 1898 précité ; en sens contraire Bordeaux, 29 décembre 1890, D. 92.2.368 et note Lyon-Caen). Il ne saurait être déclaré en faillite (Douai, 16 août 1869) ni coupable de banqueroute (Cass., 17 décembre 1853, D. P. 53.1.114 ; Besançon, 23 juin 1870, *le Droit* du 9 juillet 1870).

En ce qui concerne le sort des actes commerciaux émanés du mineur émancipé non autorisé il y a controverse. Sur le point de départ tout le monde est d'accord : l'émancipé n'est pas susceptible d'être engagé commercialement, et ses actes sont nuls comme actes de commerce. En d'autres termes, la sanction de l'article 3 du Code de commerce consiste dans la non-commercialité de l'acte accompli sans l'observation des formalités de l'article 2. On rentre dans le domaine de la loi civile : la législation et la juridiction civiles seules doivent être saisies pour décider leur validité. Mais ces actes sont-ils valables civilement ? voilà où commencent les discussions :

Suivant les uns, le défaut d'habilitation régulière de commercer rendrait nuls, indépendamment de toute idée de lésion, tous les actes commerciaux émanés du mineur. Il n'y a pas à examiner si l'acte, nul comme commercial, répond aux conditions de régularité d'un acte civil permis à l'émancipé. Les actes sont nuls de droit, car ils rentrent dans la catégorie de ceux pour lesquels la loi exige des formalités particulières, à peine de nullité, si les formalités n'ont pas été remplies (1). Toutefois, il faudra condamner l'émancipé à restituer tout ce qui aura tourné à son profit (art. 1241 et 1312) pour qu'il ne s'enrichisse pas injustement au détriment de sa contre-partie.

A notre sens, ce raisonnement est inexact, et il y a lieu au contraire d'examiner si l'acte est valable civilement. Les formalités prescrites par l'article 2 du Code de commerce sont exigées pour la validité des actes de l'émancipé en tant qu'actes de commerce, mais où prend-on qu'il faut les considérer comme des formalités spéciales au point de vue des règles du droit civil ? Il y a certainement ici deux catégories de conditions absolument distinctes, quant à la validité des actes émanés de l'émancipé. Le tort du système précédent est de tomber dans une confusion à cet égard.

Notre solution a été consacrée d'ailleurs par plusieurs arrêts et c'est en ce sens que tend la jurisprudence la plus récente (Rouen, 23 juillet 1858, D. 59. 2. 116 ; Nancy, 12 janvier 1875, S. 75.2.52 ; Paris, 17 décembre 1885, S. 86.2.37). Quelques-uns de ces arrêts sont fort bien motivés, et nous ne pouvons mieux faire, pour

(1) St-Gaudens, 2 décembre 1881, D. P. 82.3.112 ; Amiens, 11 février 1896, D. 98.2.158 ; Paris, 27 avril 1896, D. 98.2.352.

préciser notre conclusion, que d'en citer des extraits.

« Attendu, dit la Cour de Nancy, que l'inaccomplissement des formalités de l'article 2 n'a d'autre conséquence juridique que de laisser le mineur émancipé, qui fait sans autorisation préalable un acte de commerce, dans les liens de la minorité, et de lui permettre d'invoquer la protection spéciale dont la loi entoure le mineur, d'opposer toutes les exceptions qu'elle crée en sa faveur.

« Mais attendu qu'aux termes des articles 1124 et 1305 du Code civil, en dehors des actes assujettis par la loi à des formalités spéciales dont l'inaccomplissement entraîne une nullité absolue (C. civ., art. 457, 483 et 484, § 1er), *tous les autres actes passés par le mineur ne sont pas nuls de plein droit, qu'ils sont seulement rescindables pour cause de lésion, et que c'est au mineur qui allègue la lésion à en administrer la preuve....* »

Et la Cour de Paris, ayant à se prononcer sur la validité des engagements commerciaux contractés par une mineure émancipée non régulièrement habilitée, ajoute : « Considérant.... que les engagements par elle contractés conservent à son égard un caractère purement civil, encore bien qu'ils aient un but commercial, et que la juridiction consulaire est incompétente pour en connaître.... Considérant que l'inobservation des formalités prescrites en l'article 2 du Code de commerce a pour effet *non de frapper par elle-même d'une nullité intrinsèque tous engagements commerciaux que le mineur aurait contractés, mais seulement d'assimiler lesdits engage-*

*ments aux obligations purement civiles qu'il aurait pu souscrire*, et sans que les dispositions de l'article 487 du Code civil lui soient opposables ; qu'il suit de là qu'on doit examiner séparément chacun des actes du mineur... »

Ce système assure à l'émancipé une protection bien suffisante : il aboutira souvent à la nullité pour incapacité, car la plupart des actes commerciaux excèdent la capacité de l'émancipé ordinaire ; en maintenant d'autre part les actes qui rentrent dans le domaine de sa capacité civile, on favorisera son crédit, tout en étant plus juste pour les tiers. Il est néanmoins regrettable que la loi commerciale ne soit pas plus explicite sur ce point.

# APPENDICE II

## ENFANTS NATURELS.

Nous ne nous sommes préoccupé jusqu'à présent que de la protection légale des mineurs émancipés qui sont enfants légitimes : ils sont d'ailleurs la majorité. Nous devons dire un mot des enfants naturels. Ils se divisent en deux classes :

*a*) Les enfants naturels reconnus ;

*b*) Les enfants naturels simples non reconnus, qu'ils soient d'ailleurs adultérins, incestueux, ou simplement enfants trouvés, abandonnés ou admis dans les hospices.

Vis-à-vis des enfants naturels reconnus, toutes les règles de l'émancipation ordinaire s'appliquent. Comme le droit d'émancipation dérive de la puissance paternelle, les père et mère naturels qui l'ont reconnu, peuvent émanciper l'enfant, pourvu qu'ils n'aient pas été déchus de la puissance paternelle. En ce dernier cas, on appliquerait les dispositions de la loi de 1889 comme nous allons le voir. Les enfants naturels pourront être émancipés dès l'âge de 15 ans par leurs parents. Lorsque ceux-ci sont décédés, ils peuvent être émancipés à 18 ans, par un conseil de famille composé d'amis et de personnes notables du lieu où le mineur a son domicile. En tout cas, ils reçoivent un curateur qui les assiste dans toutes les opérations de quelque importance ; ils sont soumis à l'application de la loi du 27 février 1880 en ce qui concerne leurs valeurs mobilières ; l'action en réduction leur appartient comme aux mineurs émancipés légitimes, et les tribunaux ont aussi un droit de contrôle sur l'utilité de leur émancipation.

Les enfants naturels non reconnus, adultérins, incestueux ou simplement orphelins, pourront être émancipés à 18 ans par un conseil de famille composé ainsi que nous venons de le dire.

Quant aux enfants trouvés, abandonnés et plus généralement admis dans les hospices, à quelque dénomination que ce soit, ils sont soumis à la tutelle administrative des commissions des hospices où ils se trouvent (art. 1er, loi du 15 pluviôse an XIII (1) et art. 15 du décret du 19 janv. 1811). L'article 3 de cette loi indique l'émancipation comme un mode d'extinction de cette tutelle. Les commissions jouissent à cet égard du même pouvoir que celui attribué aux père et mère par le Code civil (art. 4 de la loi), et les formes sont identiques (art. 8 de la loi).

Au cas de déchéance de la puissance paternelle, les enfants se trouvent sous la tutelle de l'assistance publique (art. 11, loi du 24 juillet 1889). Ils sont soumis à

(1) 4-14 févr. 1805.

Paris au même régime que les enfants abandonnés et admis dans les hospices. Leur émancipation a donc lieu de la même manière (art. 3, 4 et 8 de la loi de pluviôse an XIII). Le receveur de l'hospice reçoit les fonctions de curateur à l'enfant émancipé (art. 5, même loi). En province, leur tuteur, qui est l'inspecteur départemental de l'assistance publique, les émancipe devant le juge de paix, sur avis d'un conseil de famille spécialement composé (art. 24, loi du 24 juill. 1889). Quoi qu'il en soit, leur mode de protection légale ne se différencie pas de celui des enfants légitimes.

# CONCLUSION

Une impression générale se dégage de cette étude sur la protection légale des mineurs émancipés : c'est d'abord que le Code civil, en créant un système assez ingénieux d'émancipation, n'a pas été assez explicite. Aussi son laconisme a-t-il été la source d'innombrables controverses sur toute la matière.

En ce qui touche à la protection légale, c'est surtout relativement au curateur que ce laconisme est fâcheux. Nous n'avons pas à reprendre en détail toutes les critiques que nous avons formulées à cet égard ; contentons-nous de rappeler qu'il n'y a dans les textes aucune règle générale déterminant les cas d'assistance du curateur. Les interprètes ont dû chercher à pénétrer les intentions du législateur par une série de déductions laborieuses, et plus ou moins certaines. C'est là le reproche le plus grave qu'on puisse faire à la loi, sur ce point.

Même indécision règne à propos de la réduction. Les textes ne nous disent pas quels sont les actes réductibles. Il a fallu encore ici les déterminer sur des présomptions. On ne sait ni quel est le caractère exact de l'action en réduction, ni à qui elle appartient. Ce sont autant de lacunes.

Enfin on ne sait pas à quoi s'en tenir pour le retrait

ou l'annulation de certaines émancipations ou de l'autorisation de commercer.

Quant à l'efficacité des mesures prescrites, il y a sujet à de nombreuses observations. La mission du curateur est assez ingrate, avons-nous dit. Il a peu de pouvoirs, aucune initiative, aucun moyen de coercition direct sur la volonté du mineur, et pourtant sa responsabilité peut être parfois assez lourde. Son assistance suffira à guider un mineur émancipé docile et raisonnable ; elle ne sera pas d'un grand secours vis-à-vis d'un mineur indépendant. Le rôle du curateur devrait, à notre sens, être rendu un peu plus actif ; il faudrait surtout lui donner plus d'autorité en augmentant ses pouvoirs.

Nos Codes garantissent assez bien la fortune immobilière des mineurs émancipés, parfois trop. Nous en avons vu un exemple pour l'aliénation des immeubles du mineur commerçant. Ils étaient très insuffisants en ce qui concernait la fortune mobilière, mais il n'y a pas à se féliciter de la loi de 1880 sous ce rapport. Nous savons combien elle est inutilement compliquée, peu pratique et combien est regrettable la situation dans laquelle elle a placé certains mineurs émancipés. L'œuvre est complètement à refaire à ce point de vue.

Enfin, en restreignant au seul mineur émancipé la faculté d'exercer l'action en réduction, le législateur de 1804 a rendu à peu près inutiles les deux dernières mesures de protection légale, qui auraient pu être d'un excellent secours : la réduction elle-même, et la révocation de l'émancipation.

En cette matière, comme en beaucoup d'autres, notre Code civil aurait besoin d'être rajeuni. Plusieurs de ses dispositions sont empreintes de préjugés anciens, qui ont déjà fait leur temps. Mais des lois spéciales ne peuvent suffire à combler les lacunes ou à corriger les vices de notre législation civile. Il faudrait une refonte complète. Nous la souhaitons et nous osons espérer qu'elle ne sera pas trop tardive. L'Allemagne et l'Italie nous ont donné l'exemple ; puisse-t-il être bientôt suivi !

Il y aurait lors de cette refonte à examiner une question de législation, bien intéressante, et dont l'application pratique nous paraît susceptible de donner d'excellents résultats : le projet primitif présenté au Conseil d'État sur l'émancipation avait distingué entre le mineur de 18 ans et celui qui avait atteint cet âge. On proposait de donner à ce dernier une demi-capacité, pour l'habituer peu à peu à la gestion de ses affaires ; mais Cambacérès fit écarter ce système. Cependant, nous croyons qu'il aurait eu de très bons côtés en habituant insensiblement le mineur à avoir de l'initiative. Nous sommes trop portés, en France, à donner aux enfants une éducation théorique ; il en résulte que les mineurs de vingt et un ans, restent jusqu'à cet âge étrangers à la gestion des affaires, et passent brusquement de l'incapacité absolue à la capacité complète. Cela peut avoir de fâcheux résultats, surtout s'ils sont privés tout à coup de leurs parents.

Certains pays ont accepté le système abandonné par

les rédacteurs du Code civil. En Algérie, la jurisprudence musulmane et les coutumes indigènes admettent une émancipation de fait pour l'individu qui a encore son père. Cette émancipation se produit à l'époque de la pleine puberté c'est-à-dire quand l'individu pubère peut se conduire et administrer ce qu'il possède.

Mais c'est le système employé en Russie qui aurait encore nos préférences : il n'y a pas d'émancipation proprement dite, selon la loi russe. Elle se contente de diviser en trois périodes les années qui précèdent la majorité : la première va jusqu'à 14 ans révolus, la seconde de 14 à 17 ans, et la troisième de 17 à 21 ans. Les mineurs de la troisième période s'appellent non-majeurs, et ils bénéficient tous d'une émancipation de fait qui leur permet d'administrer leurs biens à peu près comme nos mineurs émancipés. La majorité suédoise, qui est à 21 ans, est précédée d'un stage. A partir de 15 ans, le mineur peut gérer les biens qu'il a acquis.

L'économie de ces législations nous paraît supérieure à notre système actuel d'émancipation. C'est en ce sens que nous désirerions voir s'accomplir une réforme législative.

Vu :
Le Président de la thèse,
M. PLANIOL.

Vu :
Le Doyen,
GLASSON.

Vu et permis d'imprimer :
*Le Vice-Recteur de l'Académie de Paris,*
GRÉARD.

# TABLE DES MATIÈRES

## DEUXIÈME PARTIE



## TROISIÈME PARTIE



Imp. J. Thevenot, Saint-Dizier

www.ingramcontent.com/pod-product-compliance
Ingram Content Group UK Ltd.
Pitfield, Milton Keynes, MK11 3LW, UK
UKHW012033240726
13965UKWH00002B/757